PROFIL PHILOSOPHIE

Collection dirigée par Georges Décote

Série « Textes philosophiques » sous la direction de Laurence Hansen-Løve

DISCOURS
DE LA MÉTHODE

DESCARTES

___
Analyse critique
___

par Josiane SCHIFRES,

agrégée de philosophie

 HATIER

ISBN 2-218-04537-0

Sommaire

Nota : Les références renvoient à l'édition du *Discours*
et des *Méditations* en collection 10-18 (un seul volume,
n° 1).

    Les références aux autres œuvres de Descartes sont
données pour le volume *Œuvres et Lettres de Descartes*, Bibliothèque de la Pléiade, N.R.F., 1970 -
abréviations - Pl., p. ...

Introduction

ÊTES-VOUS CARTÉSIEN ?

À quoi se marque qu'un écrivain, homme de lettres ou théoricien, est véritablement reconnu ? Sans aucun doute au fait que se forme sur son nom un adjectif nouveau. Quand un style est dit « proustien », une pensée « marxiste » ou une idée « freudienne », alors incontestablement Proust, Marx et Freud reçoivent un label de créateurs. Par ces adjectifs ils sont à la fois distingués et assimilés. Or, le degré suprême de ce mouvement qui glorifie et vulgarise en même temps des hommes, est atteint quand le nom propre n'est même plus entendu dans l'adjectif devenu vraiment commun. Par exemple, qui entend le nom de Platon, dans l'adjectif platonique ? Quelques spécialistes sans doute, mais ils savent si bien que l'usage commun a effacé la référence érudite, qu'ils ont créé « platonicien » pour la retrouver et la marquer. Machiavélique et sadique semblent bien aussi s'être détachés de Machiavel et de Sade pour mener une existence indépendante dans le langage quotidien. Quant à *cartésien, formé sur le nom de Descartes,* il est à mi-chemin entre l'utilisation savante et l'emploi banalisé.

Ainsi, dans *Le Monde* (août 1977), un article est titré « Du doute cartésien ». Comme il s'agit du soupçon qui saisit des téléspectateurs au cours d'une émission politique trop nettement gouvernementale, le doute devrait ici être qualifié, plus exactement, de sceptique ou de critique. Mais l'expression est devenue un cliché : le doute est cartésien comme le conflit est cornélien ou le pari pascalien. Voilà « ce qui demeure quand on a tout oublié », des études au lycée...

Cependant cet usage abusif du terme cartésien ne s'explique pas seulement par l'ignorance puisque dans un ouvrage érudit et précis, on trouve aussi un sens très élargi à ce qualificatif. Il s'agit de la *Linguistique cartésienne* de Noam Chomsky où l'on découvre que « cartésienne » désigne une conception du langage qui dépasse largement celle du seul Descartes et englobe « une constellation d'idées et d'intérêts... de Port-Royal (1660)... à la période romantique[1] ». On peut donc conclure qu'il y a chez Descartes non seulement une doctrine aux contenus particuliers mais vraiment une forme de pensée caractéristique, servant de référence ou de modèle à de nombreux esprits.

TRIBULATIONS DU CARTÉSIANISME

Et certainement l'importance du cartésianisme est prouvée par les nombreuses aventures et multiples avatars que connut cette pensée au cours des siècles. Au XVIIᵉ siècle, Descartes fut, de son vivant, reconnu et considéré par la communauté savante, d'église ou de science, avec laquelle il entretint débats ou querelles dans une abondante correspondance. Il fut, avec ardeur, soutenu ou combattu dans les cercles érudits mais — sans doute est-il le premier philosophe dont on peut le dire — **il fut aussi à la mode.** Sa philosophie circulait « dans le monde » et y fut même très répandue si l'on en croit Molière dans *les Femmes savantes* (1672, Descartes est mort en 1650). On lit en effet cet échange :

TRISSOTIN
Descartes, pour l'aimant, donne fort dans mon sens.

ARMANDE
J'aime ses tourbillons.

PHILAMINTE
Moi ses mondes tombants.

Boileau intervint aussi dans ce débat « pour ou contre Descartes » quand, en 1671, il se moqua des autorités de la Sorbonne qui voulaient interdire toute autre philosophie que celle d'Aristote. Dans l'*Arrêt burlesque* il condamne ironi-

1. Éditions du Seuil, Paris (note p. 16 et 17).

quement « certains factieux prenant le nom de Gassendistes, Cartésiens et Malebranchistes » et décrète finalement que la Sorbonne « a banni à perpétuité la Raison des Écoles de cette Université, lui fait défense d'y entrer, troubler et inquiéter le dit Aristote[1] ». Mais Louis XIV en 1685 interdit le cartésianisme...

Or, au XVIIIᵉ siècle, Descartes n'est plus du tout objet de passion, il est tout simplement considéré comme dépassé. Sans doute le Siècle des Lumières lui reconnaît le mérite d'avoir secoué le joug de l'Église : « Descartes donna la vue aux aveugles », écrit Voltaire[2]. Mais, comparé à Newton, le génie adulé de l'époque, Descartes est taxé, dans le domaine de la physique, d'ignorance et d'insuffisance. Voltaire écrit aussi : « Le cartésianisme fut une mode en France... Newton voulut un jour en lire un volume, il mit en marge sept ou huit « error » et ne le relut plus[3]. » C'est l'avis unanime des penseurs d'alors et le cartésianisme connaît une véritable éclipse jusqu'au XIXᵉ siècle où les œuvres complètes de Descartes sont rééditées (1824). C'est V. Cousin, devenu penseur officiel de l'Université sous Louis-Philippe, qui le « relança » ainsi pour en faire le père du spiritualisme qu'il professe et promeut. Pour les besoins de cette cause philosophico-politique, le cartésianisme devient d'une part la preuve de la supériorité occidentale : « La méthode de Descartes est supérieure aux procédés de la philosophie antique de toute la supériorité de notre civilisation sur celle de la Grèce[4] » et d'autre part le champion de la supériorité de l'âme : « La méthode de Descartes c'est la psychologie, le compte que l'on se rend à soi-même de ce qui se passe dans l'âme, dans la conscience qui est la scène visible de l'âme[4]. »

Aujourd'hui encore, Descartes n'a pas fini d'être revendiqué par des causes divergentes. Il est invoqué par les

1. Boileau, *Arrêt burlesque*, dans *Œuvres*, Garnier.
2. Voltaire, *Lettres philosophiques*, Lettre sur Newton et Descartes, Garnier (1964).
3. Voltaire, *Dictionnaire philosophique* (1764), article Cartésianisme, Garnier. N.B. Ce jugement sévère sur la physique cartésienne est en grande part celui des scientifiques contemporains mais pour d'autres raisons (voir plus loin p. 33 et p. 75).
4. V. Cousin, *Cours de philosophie* (1828).

conservateurs qui voient en lui le défenseur de l'ordre « raisonnable ». Mais il est aussi revendiqué par des esprits novateurs, voire révolutionnaires. Sartre en fait l'ancêtre lointain de la démocratie et de l'existentialisme : « Nous l'admirerons plutôt d'avoir, dans une époque autoritaire, jeté les bases de la démocratie, d'avoir suivi jusqu'au bout les exigences de l'idée d'autonomie et d'avoir compris, bien avant Heidegger… que l'unique fondement de l'être était la liberté[1]. » Et Y. Bourdet se réfère « aux belles thèses de Descartes et de Rousseau » dans un article consacré à l'autogestion parce que « [le] refus de s'incliner devant le magister dixit est exprimé, pour la première fois, avec une vigueur radicale et éclatante par Descartes[2] ».

Ce rapide résumé nous permet de penser que le cartésianisme est, pour les penseurs français du moins, comme une terre riche où chacun vient plonger quelques racines, même si les arbres obtenus sont très différents.

1. Préface au *Discours de la méthode*, Marabout Université.
2. Revue *Autogestion* (mai-juin 1968) ; magister dixit : le maître a dit.

1 | Vie et époque de Descartes

UNE AUTOBIOGRAPHIE

D'emblée il faut noter une grande originalité de Descartes dans toute la philosophie : il mêle à l'exposé de ses thèses le récit de sa propre vie. Dans le *Discours* notamment, **il donne à la fois sa biographie et sa philosophie,** il raconte sa vie et sa pensée. Il est le seul philosophe à agir ainsi et cela donne à son œuvre plus de ressemblances avec les souvenirs littéraires (ceux de Montaigne par exemple car Descartes peut lui être comparé — voir plus loin chap. 4) qu'avec des traités philosophiques. Et de plus cela indique une orientation de sa philosophie : Descartes est bien « cet individualiste dont la personne même joue un tel rôle dans sa philosophie, soit qu'il retrace l'histoire de ses pensées dans le *Discours de la méthode*, soit qu'il se rencontre lui-même, comme un fait inébranlable, sur le chemin de son doute[1] ».

UNE JEUNESSE AGITÉE
1596-1619

René Descartes naît le 31 mars 1596 à La Haye en Touraine dans une famille de petite noblesse. Enfant chétif, orphelin de sa mère à un an, il semblait destiné à mourir jeune. Il entre, à partir de 10 ans, au collège jésuite de la Flèche qui dispense une des éducations les plus cotées de France. On voit dans le *Discours I* que ses maîtres lui laissèrent un bon souvenir mais non le programme des études.

1. J.-P. Sartre, Préface au *Discours de la méthode*, Marabout Université, p. 19.

À Poitiers ensuite il poursuit des études de droit tout en menant une vie sportive et mondaine dans la « bonne société » de la ville. En 1618, le voici dans un rôle inattendu : chevalier s'engageant volontairement dans deux armées, l'une après l'autre, combattant peut-être et parcourant l'Europe. Le *Discours* (p. 36) parlera de cette époque comme d'une occasion de « diverses expériences... et rencontres que la fortune me proposait ».

« ENFERMÉ DANS UN POÊLE[1] »
nov. 1619

Mais Descartes fait aussi connaissance d'un jeune médecin, Isaac Beeckmann, avec qui il se livre à des travaux de mathématique et de physique. Dans l'exaltation de ces recherches, Descartes en vient à rêver de faire de grandes découvertes, à projeter de constituer une science nouvelle qui permettrait d'unifier toutes les mathématiques. Et, seul dans une pièce bien chauffée (*Discours*, p. 39), il fait un rêve exaltant qu'il interprète comme une illumination mystique dans laquelle Dieu lui indique de se consacrer à la vérité et à la réunion de la philosophie et de la sagesse.

VOYAGES PUIS EXIL
1619-1637

Pendant neuf ans encore Descartes va voyager en Europe tout en continuant ses travaux scientifiques. Il rédige en latin ses *Règles pour la direction de l'esprit* mais ne les publie pas. Période de décantation et de formation de ses pensées, sans doute, qui s'achève quand Descartes s'installe en Hollande. Ce philosophe « français » entre 1618 et 1650 ne passera que six ans environ en France et encore en séjours fragmentés... Pourquoi ?

C'est qu'en France, et surtout à Paris, régnait alors sur la vie intellectuelle l'autorité terrible de la Sorbonne. Les théolo-

---

1. Poêle : pièce chauffée par un poêle.

giens de l'Université veillaient à l'orthodoxie des écrits nouveaux et s'en prenaient vivement aux esprits novateurs, tel Gassendi, par exemple, qui renonça à publier ses livres. Soucieuse de combattre les hérésies venues de la Réforme, d'un moralisme tatillon (voir plus loin les précautions que prendra Descartes en ces domaines : chap. 5), la Sorbonne se mêle aussi de régenter les sciences. Sans doute existe-t-il aussi des sociétés savantes, des cercles privés qui rejettent le conformisme intellectuel mais le pouvoir ne leur appartient pas.

Alors **Descartes sera prudent, très prudent.** Il choisit la Hollande ; il avoue qu'il prendra toujours la précaution de « se présenter masqué[1] » au public. Et quand en 1632 le Saint-Office condamne les thèses de Galilée sur le mouvement de la terre, Descartes aussitôt renonce à publier un Traité où il soutenait aussi cette thèse. Il ne brava pas ces hautes autorités (cf. *Discours*, VI, p. 89) ; pendant cinq ans encore il hésita à publier et quand il donne enfin le *Discours* en 1637 c'est sans nom d'auteur.

UN INTERMÈDE PRIVÉ

Depuis juillet 1635, Descartes a une petite fille, Francine : c'est une enfant naturelle dont la mère est Hélène, la servante hollandaise de Descartes. La petite, déclarée protestante comme sa mère, vécut avec ses parents ses premières années. En 1640, alors que Descartes songe à la faire élever en France, elle meurt de la scarlatine. Descartes en fut très affecté.

LES REVERS DE LA NOTORIÉTÉ
1637-1649

Le *Discours* provoqua des échanges épistolaires et des polémiques entre Descartes et les hommes d'église ou de science de l'époque. Mais il amena aussi à Descartes les ennuis qu'il avait cru éviter en quittant la France : des universités

---

1. « Je me présente masqué », « larvatus prodeo », écrit-il dans ses *Cogitationes privatae*.

hollandaises l'accusent d'athéisme et interdisent ses livres. En France, pamphlets, accusations ou, au contraire, déclarations de soutien se multiplient. Descartes doit constamment s'expliquer, se justifier, se défendre dans une interminable correspondance...

C'est au point qu'en 1641, son nouvel ouvrage, les *Méditations métaphysiques*, paraît accompagné, dès la première édition, d'objections et de réponses qui occupent un volume quatre fois plus important que le texte initial ! Il semble que cette situation ait déplu à Descartes qui, désormais, se contente d'écrire des traités plus impersonnels et fragmentés en courts chapitres ou articles simplement numérotés. Ce sont en 1644 les *Principes de la philosophie* et en 1649 le *Traité des passions*.

Seules certaines lettres de Descartes permettent de retrouver son style propre mêlant réflexions théoriques et références personnelles. En particulier, depuis 1643, il écrit à Élizabeth de Bohême, une princesse exilée qui s'entretient avec Descartes de philosophie et de morale. Et c'est dans les lettres de Descartes à Élizabeth qu'on trouve, sinon la morale cartésienne, du moins l'exposé des problèmes que pose la morale.

UNE REINE FATALE
1649-1650

Une autre femme entre en relation épistolaire avec Descartes : Christine, reine de Suède. Elle invite Descartes à sa cour de Stockholm. Après avoir beaucoup hésité, Descartes finit par faire le voyage. Mais la reine lui demande de venir chaque matin à cinq heures et Descartes prend froid. Il meurt de congestion le 11 février 1650, à 54 ans.

	L'ÉPOQUE DE DESCARTES	SA VIE
1589	Henri III assassiné. Henri de Navarre, prince protestant, lutte contre les nobles catholiques pour le trône.	
1593	Henri abjure (« Paris vaut bien une messe ») et devient Henri IV.	1596 Naissance de René Descartes.
1598	**Édit de Nantes :** reconnaissance de la liberté de culte. Fin des guerres de religion.	
	1606 Première machine à tisser. 1609 Kepler, *Astronomia nova*.	Études.
1610	Assassinat d'Henri IV. Règne de Louis XIII.	
1618	Début de la guerre de Trente ans : longue guerre, ruineuse pour l'Europe, qui oppose la Maison d'Autriche — les Habsbourg — aux princes allemands, suédois et hollandais et à leurs alliés, la France et l'Italie.	
	1623 Naissance de Pascal.	1619 Nuit du songe.
1624	Richelieu principal ministre du roi.	1628 *Règles pour la direction de l'esprit*. Départ pour la Hollande.
	1629 Harvey explique la circulation du sang. 1630 Galilée, *Dialogo*. 1632 Condamnation de Galilée par le Saint-Office pour avoir dit que la terre tournait.	1635 Naissance de Francine, sa fille.
	1636 Corneille donne *le Cid*.	1637 *Discours de la méthode*.
	1639 Pascal, *Essai sur les coniques*. 1640 Hobbes, *Éléments de la loi naturelle et politique*.	1641 *Méditations métaphysiques*.
	1642 Pascal invente une machine à calculer.	
1643	Mort de Louis XIII. Régence d'Anne d'Autriche, mère de Louis XIV. Mazarin au pouvoir.	1644 *Principes de la philosophie*.
1648	Fin de la guerre de Trente ans par la défaite des Habsbourg. En France, la Fronde : révolte des Parlements puis des nobles contre le pouvoir royal. Nombreux désordres.	
	1651 Hobbes, *Léviathan*.	1649 *Traité des passions*. 1650 Mort.
1653	Victoire des troupes royales et fin de la Fronde. Règne personnel de Louis XIV. Condamnation du Jansénisme.	
1660	Louis XIV fait brûler *les Provinciales* de Pascal.	
1685	**Révocation de l'Édit de Nantes.** Inter- diction d'enseigner le cartésianisme.	

Plan du *Discours* | 2 |

SITUATION ET PROJET DU *DISCOURS*

La lecture du *Discours* est parfois ardue pour un lecteur contemporain. Le sens des mots et la construction des phrases ne sont pas toujours semblables à l'usage actuel. Les raisonnements ne sont pas non plus toujours clairs parce qu'ils comportent des digressions, des incidentes. Aussi croyons-nous utile de donner ici **un plan détaillé des six parties du** *Discours* qui en souligne les idées essentielles et l'enchaînement. Nous indiquons, en même temps, les chapitres dans lesquels nous entreprenons un commentaire plus précis des thèses de Descartes.

Le projet général de Descartes dans le *Discours* est d'examiner **ce que peut être la connaissance humaine.** Il va d'abord éliminer tout ce qu'on lui a appris, faire table rase (I), se donner ensuite des principes nouveaux, **une méthode** (II) et enfin organiser et **unifier le savoir humain** (IV, V et VI). Cependant Descartes ne peut rompre complètement avec son époque dont il respecte les mœurs et les croyances (III).

Première partie (p. 29 à 37)

1. Annonce de principes nouveaux (p. 29 et 30)

— Descartes en appelle à la raison que tout homme possède et qui peut être indépendante.

— Il annonce avoir découvert une méthode féconde pour guider la connaissance.

2. L'histoire de ses pensées (p. 31 à 36)

— Descartes limite la portée de son livre en disant qu'il ne propose pas un modèle (p. 31).

— Il tire un bilan entièrement négatif de ses études. Seules les mathématiques lui paraissent être capables de trouver des vérités.

3. Bilan (p. 36 et 37)

— Dégoûté des études et sceptique, Descartes souhaite cependant trouver des certitudes.

Voir notre chapitre 4 : Les conditions de la connaissance.

Deuxième partie (p. 39 à 49)

1. Le projet de Descartes est de **rebâtir la connaissance** (p. 39 à 44)

— La raison doit se défaire de toutes les opinions reçues et conduire ses pensées avec ordre.

— Encore une fois Descartes ne veut pas être pris pour modèle.

2. **La méthode cartésienne** (p. 44 à 46)

— Énoncé de quatre règles à suivre pour parvenir à établir des vérités.

3. Suites de cette méthode (p. 46 à 49)

— Elle permet de progresser avec ordre, en enchaînant les connaissances.

— Mais les premiers principes doivent venir de la métaphysique (p. 49).

Troisième partie (p. 51 à 59)

1. Différence entre morale et connaissance (p. 51 à 55)

— La vie quotidienne réclame qu'on agisse sans attendre d'avoir complètement réfléchi sur le monde (p. 51).

— Il faut donc suivre des règles même si elles ne sont pas absolument établies. Conformisme, modération et fermeté contre les malheurs, forment trois maximes satisfaisantes.

Voir notre chapitre 5 : Une morale inachevée.

2. La morale est mise « à part » (p. 55 à 59)

— Au terme de la recherche intellectuelle, on peut espérer fonder une morale rationnelle (p. 56).

— Cependant, pour le moment, il est préférable de poursuivre le projet concernant la connaissance pour la bâtir fermement (p. 56 et 57).

— La tâche est longue et réclame le calme.

Quatrième partie (p. 61 à 69)

1. La pensée humaine seule (p. 61 à 63)

— Pour trouver quelque chose d'absolument sûr, **il faut douter de tout.**

— Le doute absolu fait découvrir une vérité et une existence : « **Je pense donc je suis.** »

Voir notre chapitre 6 : Les fondements métaphysiques.

2. Appel à Dieu (p. 63 à 69)

— L'homme se découvre imparfait et découvre Dieu, être parfait.

— Trois preuves de l'existence de Dieu (p. 64 à 66).

— **Dieu garantit l'existence et la vérité.** Il assure que les idées des hommes correspondent à un monde réel. Il met fin au doute.

Cinquième partie (p. 71 à 88)

1. La nature peut être connue par l'homme (p. 71 à 76)

— En connaissant Dieu et en suivant la raison on peut reconstruire intellectuellement le monde.

— Mais Descartes se contente ici d'affirmations générales par crainte de heurter les autorités religieuses.

2. Un exemple de ses découvertes (p. 76 à 84)

— Descartes explique le mouvement du sang en faisant du cœur une chaudière qui chauffe le sang et le rend fluide.

3. La théorie du corps-machine (p. 84 à 88)

— Le mouvement du sang s'explique de façon purement mécanique, **tous les corps sont des machines**.

— En particulier, les animaux ne sont que des machines car ils n'ont pas de raison. Le fait qu'ils n'aient pas de langage en est la preuve (p. 87).

— Seul l'homme a une raison et donc une âme. Il est composé d'un corps et d'une âme.

Voir notre chapitre 7 : Connaissance de la nature.

Sixième partie (p. 89 à 106)

1. La connaissance doit maîtriser la nature (p. 89 à 94)

— La philosophie doit être pratique et **rendre les hommes « maîtres et possesseurs de la nature »**.

— Il faut, pour cela, combiner les raisonnements théoriques et les observations expérimentales.

2. Hésitations de Descartes (p. 94 à 106)

— Descartes exprime de nombreuses réserves quant à la publication de ses travaux. La confrontation de ses thèses avec celles des autres lui fait courir le risque d'être attaqué et dérangé dans ses recherches.

— Il choisit donc de ne publier que quelques éléments de ses théories.

— Son projet est de se consacrer désormais à la médecine.

Voir notre chapitre 7 : Connaissance de la nature.

Le fil directeur de l'ouvrage est donc bien **la méthode à suivre pour accéder à la vérité.** Pour mettre au point cette méthode, Descartes va examiner ce que peut la raison humaine dans les différents domaines où elle opère. Il va la confronter à l'opinion, c'est-à-dire à la connaissance spontanée et non réfléchie. Puis il va voir à quels résultats elle peut parvenir relativement à la morale, à la foi et à la connaissance de la nature.

Présentation du *DISCOURS* | 3

CE QU'EST LA PHILOSOPHIE

Le *Discours de la méthode* se propose comme but d'examiner ce qu'il en est de la connaissance et d'organiser en un système unifié l'ensemble du savoir humain. C'est ce qu'indique le terme *philosophie* que Descartes emploie pour désigner son projet.

Il faut, en effet, préciser ce terme car il avait deux valeurs à l'époque de Descartes et a, de plus, évolué. La **philosophie désigne le savoir rationnel.** La philosophie s'oppose ainsi à la foi qui échappe à la raison puisqu'elle est révélée c'est-à-dire envoyée par Dieu. Elle s'oppose aussi à la technique en ce qu'elle est intellectuelle et non manuelle, comme le savant se distingue de l'artisan.

La philosophie, à l'époque de Descartes, se divise en :

— *Philosophie première* qui porte sur les premiers principes et les premières causes (c'est-à-dire Dieu, l'âme immortelle...). C'est ce que nous appelons aujourd'hui **la métaphysique.**

— *Philosophie seconde* ou philosophie *naturelle* qui est la connaissance de la nature. C'est le domaine qu'aujourd'hui nous accordons aux **sciences.**

Descartes emploie ce terme pour désigner l'ensemble du savoir (p. 62, 72, 91). Mais parfois il réserve le terme philosophie à la seule métaphysique. Par exemple, p. 35 et 49, il affirme que les sciences doivent trouver leurs principes dans la philosophie. Autrement dit, **il commence à opérer une distinction entre philosophie et science,** distinction qui nous semble nécessaire aujourd'hui que les sciences sont nettement séparées de la philosophie.

Aujourd'hui donc « philosophie » désigne, soit au sens familier, une vision globale du monde (« ma philosophie de la vie »), soit en un sens plus théorique un ensemble de considérations générales sur la connaissance ou l'action constituées par une réflexion critique sur ces domaines.

LA RAISON ET ELLE SEULE

Dans le *Discours de la méthode* « pour bien conduire sa raison et chercher la vérité dans les sciences[1] », Descartes déclare avoir voulu « que les femmes mêmes pussent entendre quelque chose, et cependant que les plus subtils trouvassent aussi assez de matière pour occuper leur attention[2] ». Cette volonté d'être accessible se confirme par l'usage du français. C'est en latin que selon l'usage de l'époque étaient rédigés les livres savants. Le français était la langue commune, la langue du peuple. Or Descartes précise : « Si j'écris en français, qui est la langue de mon pays, plutôt qu'en latin, qui est celle de mes précepteurs, c'est à cause que j'espère que ceux qui ne se servent que de leur raison naturelle toute pure, jugeront mieux de mes opinions, que ceux qui ne croient qu'aux livres anciens. Et pour ceux qui joignent le bon sens avec l'étude, lesquels seuls je souhaite pour mes juges, ils ne seront point, je m'assure, si partiaux pour le latin, qu'ils refusent d'entendre mes raisons, pour ce que je les explique en langue vulgaire » (p. 105). Ce que Descartes dit ainsi, de façon prudente, mais dit quand même, c'est qu'**il en appelle contre l'autorité (les précepteurs, les livres anciens) à une pensée autonome (leur raison naturelle toute pure, le bon sens).** Donc, derrière le choix de « la langue vulgaire », il y a un autre enjeu, celui des principes mêmes de la pensée : Descartes choisit de **se fonder sur la raison et sur elle seule.** Et c'est en son

1. Titre complet.
2. Lettre au P. Vatier, 22 février 1638 (Pléiade, p. 991).

nom qu'il croit pouvoir s'adresser à tous car « la puissance de bien juger, et distinguer le vrai d'avec le faux, qui est proprement ce qu'on nomme le bon sens ou la raison, est naturellement égale en tous les hommes » (p. 29).

Aussi la célèbre première phrase du *Discours* : « Le bon sens est la chose du monde la mieux partagée » (p. 29) — qui signifie : la raison est détenue par tous, est donnée en partage à tous — doit-elle sonner aux oreilles comme **une formule audacieuse et même révolutionnaire.** C'est le rejet de l'érudition, du savoir réservé, bref, de l'autorité en matière de connaissance : la vérité est à chercher et non pas établie. Parti pris si audacieux que Descartes aussitôt veut le limiter et, contredisant le titre même de son ouvrage, il s'empresse de dire aussi : « Mon dessein n'est pas d'enseigner ici la méthode que chacun doit suivre pour bien conduire sa raison, mais seulement de faire voir en quelle sorte j'ai tâché de conduire la mienne » (p. 31). Le *Discours* devient seulement « une histoire, ou, si vous l'aimez mieux... une fable » (p. 31).

Précisons ici le vocabulaire cartésien. **L'entendement** désigne la faculté de comprendre, de saisir mentalement : c'est l'esprit (par opposition au corps qui fait ressentir les choses). L'esprit parmi ses possibilités (vouloir, concevoir, etc.) a celle de raisonner, de formuler des jugements et de constituer des raisonnements. Cette capacité est **la raison,** qui est donc une des facultés de l'esprit, la plus haute et la plus importante selon Descartes.

LE DÉSIR D'UNIFIER LA CONNAISSANCE

Le *Discours* était suivi de trois traités (la *Dioptrique,* les *Météores* et la *Géométrie*), auxquels il servait d'introduction parce qu'il en donnait les principes. « Je ne mets pas *Traité de la méthode* mais *Discours de la méthode,* ce qui est le même que *Préface* ou *Avis* touchant la Méthode pour montrer que je n'ai pas dessein de l'enseigner mais seulement d'en parler. Car comme on peut voir de ce que j'en dis, elle consiste plus en pratique qu'en théorie et je nomme les traités suivants des *Essais* de cette méthode parce que je prétends que les choses qu'ils contiennent n'ont pu être trouvées sans elle et qu'on peut connaître par eux ce qu'elle vaut[1] ». Ainsi ce modeste ouvrage contient le moyen de fonder des travaux aussi variés et donc d'unifier la connaissance ! C'est la réalisation de cette science nouvelle et unifiée dont Descartes rêvait dès 1619, et même elle s'est élargie et amplifiée : il ne s'agit plus seulement de mathématiques mais de toute la connaissance. « J'ai formé une méthode, par laquelle il me semble que j'ai moyen d'augmenter par degrés ma connaissance » (p. 30) annonce d'emblée Descartes qui parle aussi de « conduire par ordre toutes [les] pensées » (p. 43). Voilà la nouveauté éclatante et pour tout dire révolutionnaire : **une méthode unique et universelle qui vient de l'unité et de l'universalité de la raison.**

UN MANIFESTE CONQUÉRANT

Et c'est pourquoi on peut dire du *Discours* qu'il est un manifeste. **Le manifeste de la raison** s'émancipant de la tutelle religieuse, et le manifeste de la raison conquérant la nature. Car cette méthode nouvelle est faite pour donner des résultats, elle est « pratique », c'est-à-dire active et productive. C'est l'outil d'une pensée qui s'éprouve en pénétrant et maîtrisant le monde, elle peut et veut être utile et efficace. « Au lieu de cette philosophie spéculative, qu'on enseigne dans les écoles, on en peut trouver une pratique, par laquelle connaissant la force et les actions du feu, de l'eau, de l'air, des astres, des cieux et de tous les autres corps qui nous environnent aussi distinctement que nous connaissons les divers métiers de nos artisans, nous les pourrions employer en même façon à tous les usages auxquels ils sont propres, et ainsi nous rendre comme maîtres et possesseurs de la nature » (p. 90-91). Pour l'époque qui considère la Bible comme l'exposé suffisant de ce que l'homme doit savoir du monde, l'ambition est grandiose et inouïe : **l'esprit humain s'affirme capable de prendre comme domaine la nature entière.**

1. Lettre à Mersenne, mars 1637 (Pléiade, p. 959).

UN MOUVEMENT DE RECUL

Mais ce projet gigantesque, cet élan illimité, c'est l'entrée sacrilège dans le domaine de l'inconnu, de l'inaccessible, bref du sacré. Qui ose dire : « je fis voir quelles étaient les lois de la nature » (p. 73) n'est-il pas en train de s'égaler à Dieu et même de rivaliser avec lui ? **Alors la raison** qui partait « d'un si bon pas[1] » à la conquête de l'univers **s'effraie d'elle-même et défaille.** Elle cherche un appui, un garant : elle le trouvera en **Dieu,** « tout parfait et tout véritable » (p. 69). La raison qui était première et seule, se retrouve seconde et dépendante : « tout ce qui est en nous vient de Lui » (p. 67). L'esprit parvenait seul à la certitude en s'assurant de son propre fonctionnement et de ses résultats, mais voilà qu'il en appelle à une certitude extérieure qui le dépasse, à une certitude métaphysique : **pour parvenir à la vérité l'homme a besoin de Dieu.**

En effet, sans Dieu, les idées humaines ne seraient pas assurées de saisir le monde extérieur. L'argument de Descartes est le suivant : si Dieu n'existe pas, je peux dire, par exemple, « il *me* semble que je vois une table », mais je ne peux démontrer que mon impression correspond à une réalité, c'est-à-dire que la table existe vraiment ici et maintenant. Si Dieu existe, au contraire, je pense qu'Il ne me trompe pas, qu'Il ne crée pas de désaccord entre mes idées et les choses qui sont son œuvre, qu'Il ne me laisse pas penser des choses qui n'existent pas. Je pense donc « *je* vois une table, mais Dieu ne me trompe pas et fait correspondre mes impressions et le monde » et je dis seulement « c'est une table ».

Mais alors, si nos idées viennent de Dieu, la science n'est plus une construction, c'est un simple dévoilement, la nature n'est plus à refaire, elle est seulement à lire.

Le paradoxe est que ces deux perspectives ne sont pas perçues comme contradictoires par Descartes qui les soutient

1. Péguy parle de Descartes comme du « cavalier qui partit d'un si bon pas ».

en même temps. **Il déclare avoir pénétré par lui-même les secrets de la nature tout en les ayant reçus de Dieu** : « j'ai tâché de trouver en général les principes, ou premières causes, de tout ce qui est ou qui peut être, dans le monde, sans rien considérer, pour cet effet que Dieu seul, qui l'a créé, ni les tirer d'ailleurs que de certaines semences de vérités qui sont naturellement en nos âmes » (p. 92).

Les conditions
de la connaissance

4

DES PRINCIPES NOUVEAUX

Descartes n'est pas le premier à prendre la raison pour guide mais il est le seul à son époque à mesurer et à formuler ce que ce choix signifie. Que dit-il donc ? D'abord que la raison « est la seule chose qui nous rend hommes » (p. 30). C'est donc que tout homme se définit par elle, qu'elle est son essence[1]. C'est aussi qu'elle est « tout entière en un chacun » (p. 30), c'est-à-dire capable en tous d'atteindre sa perfection qui est de trouver des vérités. Sans doute la quantité de vérités peut différer entre les hommes : c'est affaire de vivacité, d'imagination, de mémoire. Mais ce ne sont là qu'accidents[2], car qui comprend une vérité, même une seule, la maîtrise entièrement. Ainsi, l'enfant qui sait faire une addition, trouve en donnant la somme juste « tout ce que l'esprit humain saurait trouver » (p. 48). **Par la raison nous sommes égaux.**

Ensuite, selon Descartes, **elle nous fait libres** car pour découvrir des vérités elle nous suffit et même elle est seule assurée de nous y faire parvenir. La raison est entièrement en notre pouvoir et peut échapper aux influences extérieures. Descartes est en train de rejeter ici les intermédiaires, les autorités qui font de nos pensées des opinions seulement reçues, pour leur substituer « les simples raisonnements que peut faire naturellement un homme de bon sens touchant les choses qui se présentent » (p. 41).

---

1. *Essence :* nature d'un être, ce qui le définit et le caractérise.
2. *Accidents :* qualités, propriétés non nécessaires.

Égalité et liberté : faut-il en tirer, comme Sartre, que « nul n'a mieux montré que Descartes la liaison entre l'esprit de la science et l'esprit de la démocratie[1] » ? Disons pour l'instant qu'il est question ici d'**égalité des esprits** (p. 29) et de **liberté de pensée** (p. 32).

La raison donc se rencontre en tout individu, c'est pourquoi, quand Descartes dit « je », il désigne aussi bien lui-même que tout homme. Chacun peut refaire le *Discours* pour lui-même, en suivre les étapes et en assumer les conclusions.

Descartes ainsi se place **dans la lignée des rationalistes**, tels Platon ou plus tard Kant : ils affirment que **seule la raison peut donner à l'homme des certitudes, des vérités**. Mais ils affirment aussi que la raison est universelle et immuable : la raison est en tout homme et toujours identique. Le rationalisme contemporain (Marx, Bachelard — voir plus loin) pose, au contraire, que la raison a une histoire, qu'elle modifie ses principes, ses méthodes et ses contenus.

Descartes insiste sur **l'unité** qu'apporte le recours à la raison. En prenant la raison pour guide, l'homme visera, en tous domaines, à la vérité et pourra unifier son savoir. Aussi Descartes va-t-il rejeter la diversité des opinions (p. 29), les disputes (p. 35), la pluralité (p. 39, 44), le désordre (p. 40, 41) qui prouvent, à ses yeux, l'incertitude et la fausseté des connaissances, et leur opposer le droit chemin (p. 29), la méthode (p. 30), la clarté et l'assurance (p. 36, 37), la réglementation (p. 40), c'est-à-dire **l'ordre** (p. 43, 48).

DES DÉCEPTIONS ANCIENNES

Mais l'idée d'ordre est seconde, car elle ne s'est formée que négativement par **la dénonciation des insuffisances et des défauts que Descartes perçoit dans les connaissances et les procédés de pensée de son époque.**

Il faut se représenter ici le savant, le docte de l'époque de Descartes : il parle latin, il connaît les personnages illustres de l'antiquité, il cite des anecdotes édifiantes dont il tire des

---

1. Sartre, *préface* citée, p. 9.

sentences morales, se soumet pieusement à l'autorité de l'Église. De ce faux savant qu'il aurait pu être, Descartes voit, sans pitié, les défauts. Ce sont :

— *l'érudition* : des connaissances abondantes et diverses se juxtaposent, mais si elles permettent parfois de briller, elles ne sont toujours que superficielles et incertaines. Elles sont seulement vraisemblables (p. 33) ;

— *la confusion* : le souci d'érudition fait qu'on met sur le même plan les imaginations et les raisonnements. Or les premières ne se soucient pas de vérité (p. 34, 36), alors que les seconds parviennent à la certitude et à l'évidence, par exemple en mathématiques (p. 34). Cantonner celles-ci à des applications pratiques, c'est renoncer à la vérité dans les autres domaines ;

— *la soumission à l'autorité* : la théologie s'affirme comme dépassant la raison (p. 35) et la philosophie s'en tient aux avis des doctes (p. 35) ; incomplétion

— *l'inachèvement* : le vraisemblable ne s'impose pas à l'esprit, il crée des disputes jamais achevées devant lesquelles on éprouve de la lassitude et du dégoût (p. 35).

Et les méthodes de raisonnement de l'époque s'avèrent aussi peu satisfaisantes que le contenu des connaissances :

— *La logique* est un art d'exposition non de découverte (p. 43). Descartes fait ici référence aux *syllogismes*. En effet, dans un syllogisme comme 1) tous les hommes sont mortels

2) or Socrate est homme

3) donc Socrate est mortel

on n'apprend rien de nouveau (3 est un cas particulier de 1), on met simplement ses idées en ordre. L'esprit est réduit à l'application mécanique de formules toutes faites.

— *Les procédés mathématiques* eux-mêmes se trouvent con-sacrés soit à des généralités sans utilité soit à des cas imaginaires trop particuliers (p. 45). En sorte que là aussi l'esprit est plus occupé à se souvenir qu'à inventer.

Ainsi naît et s'installe **une déception profonde** qui est la première forme du doute : « je réputais presque pour faux tout ce qui n'était que vraisemblable » (p. 35). Désillusion vécue et hésitation qui pourraient conduire à une permanente suspension de jugement sur le modèle sceptique.

LES LEÇONS DU SCEPTICISME

Descartes sans doute avait lu Montaigne et une certaine ressemblance de condition et d'expérience incite à voir en lui un de ses disciples. Ce jeune homme blasé qui entreprend de parcourir le «grand livre du monde» (p. 36) découvre lui aussi que les hommes et les peuples soutiennent avec force leurs croyances, même les plus extravagantes et ridicules. Aussi va-t-il **apprendre à relativiser ses propres convictions et à ne rien croire trop fermement quand il s'agit d'habitudes ou de coutumes** (p. 37).

Mais, alors que Montaigne s'en tient au doute permanent, Descartes veut essayer d'en sortir. Montaigne voulait laisser résonner sans fin l'interrogation «que sais-je?», Descartes va prendre cette formule comme une question à laquelle il faut répondre. Et il trouve dans la libre pensée individuelle non plus la justification d'une éternelle incertitude mais, au contraire, l'assurance de certitudes possibles.

Du relativisme sceptique Descartes tire aussi une grande leçon. Savoir que les croyances sont relatives, c'est aussi savoir leur force car elles compensent leur incertitude par l'intransigeance. Aussi, pour Descartes, c'est, paradoxalement, **la prudence** qui **prolonge le scepticisme** : ayant compris ce que sont le fanatisme et l'intolérance, il en sait les dangers et il croit bon de les éviter. Comme Henri IV échangeait Paris contre une messe[1], il saura souvent échanger sa tranquillité intellectuelle contre quelques mots de soumission (p. 31). C'est ce que nous voyons une nouvelle fois quand il affirme ne pas vouloir «quelque nouvelle réformation» (p. 42, 44), c'est-à-dire ne pas vouloir de réforme, de bouleversement.

---

1. Voir tableau de l'époque de Descartes, 1593.

LE SOUCI D'ORDRE

L'apport prodigieux et singulier de Descartes, c'est d'avoir transformé le refus de croire sceptique en besoin de savoir. Le rejet des opinions et la suspension du jugement se transforment en **aspiration positive à posséder des certitudes et à inventer une méthode.** Or les mathématiques seules ont pu susciter et satisfaire ce double désir de certitude et d'invention. Elles parviennent à être sûres et fécondes (p. 34) parce qu'elles sont organisées et procèdent par enchaînements de raisons (p. 46) — raisons au pluriel signifie propositions ou jugements. Ce que Descartes va postuler et qui est d'une nouveauté extraordinaire, c'est que de tels enchaînements peuvent se retrouver en tous les domaines où s'applique la raison.

Ce qui signifie deux choses :

— **unification de tous les objets pensés par la raison.** En particulier, unification des domaines mathématique et physique. Descartes veut, en effet, introduire dans le domaine physique les idées et les façons de raisonner des mathématiques. Or la physique, en cours à l'époque, attribuait à la nature une force cachée et des qualités mystérieuses : elle voyait en la nature une sorte de déesse. Le mathématisme cartésien ruine complètement cette vision naïve[1] ;

— **unification de toutes les connaissances par une méthode unique** qui n'est pas autre chose que l'énoncé des conditions d'exercice de la raison selon sa propre nature. L'esprit suit des étapes, passe par des degrés (p. 30) quand il raisonne : ce sont ces étapes mêmes qui sont exprimées par la méthode. **Elle n'est rien d'autre qu'un ordre et peut, par là, s'appliquer à toutes les pensées** (p. 43).

La méthode met à jour le fonctionnement de l'esprit, du moins quand il se fixe pour but la vérité. Donc elle est en même temps un constat (ainsi fait-on quand on raisonne) et une norme, une règle à suivre (ainsi doit-on faire pour atteindre la vérité).

---

1. Voir plus loin chap. 7 sur la connaissance de la nature.

LES QUATRE RÈGLES DE LA MÉTHODE

Le *Discours* énonce quatre règles pour cette méthode (p. 46).

— **La règle d'évidence** : sera vrai ce qui paraîtra évident à la raison, c'est-à-dire ce qui lui sera clair et distinct.

Il faut commenter cette règle. Nous croyons spontanément à ce que nous voyons ou sentons et à ce qu'on nous répète. C'est ainsi que se forment nos *opinions*. Par exemple, je crois que j'ai un corps parce qu'il me fait souffrir ; je crois que les autres existent parce que je les vois. Ce sont des idées acquises sans réflexion, des préjugés. Au contraire, pour trouver la vérité, il faut se méfier des conclusions hâtives, des idées reçues. **Il faut suspendre son jugement,** dit Descartes.

Cet arrêt doit permettre à la raison de jauger les idées :
● elle éliminera complètement les idées obscures et confuses, par exemple l'idée d'une âme végétative, d'une âme dans les plantes (idée d'Aristote) ;
● elle dénoncera les idées claires mais non distinctes : par exemple, ma souffrance est claire mais elle peut tenir à plusieurs causes qui ne sont pas nécessairement corporelles ;
● elle dénoncera aussi les idées distinctes mais non claires : par exemple, je distingue des personnes mais sans les connaître chacune en soi.

La raison ne retiendra donc que **les idées claires et distinctes,** c'est-à-dire entièrement connues et analysées par elle ; elles seront pour elle évidentes. Et ce sont ces idées qui seront des vérités.

Cette règle est donc l'expression du doute sceptique et, en même temps, le moyen d'en sortir.

— **La règle d'analyse** : il s'agit pour l'esprit de **diviser** les problèmes en questions élémentaires, séparables et réductibles à des connaissances antérieures. C'est l'affirmation du pouvoir de la pensée sur les choses : la raison peut reconstruire les choses par la pensée et les résoudre ainsi.

— **La règle d'ordre** : l'analyse précédente conduit à organiser les pensées en allant du plus simple au plus composé comme on fait dans toute **déduction** c'est-à-dire dans tout enchaînement de propositions.

— **La règle de dénombrement** : il s'agit de rechercher tous les éléments nécessaires et suffisants pour résoudre une question. Ainsi, on pourra donner à l'ensemble de la déduction la clarté et la complétude qui la rendront évidente à l'esprit. Ainsi revenons-nous à la première règle.

Ces quatre règles ouvrent à l'esprit un long travail d'épuration (« déraciner ... toutes les mauvaises opinions... reçues avant ce temps-là », p. 49) et de reconstruction de la connaissance. Mais elles lui permettent de le faire avec assurance et satisfaction (p. 48).

APPEL À LA MÉTAPHYSIQUE

Et pourtant, alors même que la méthode est trouvée, qu'elle porte ses fruits en permettant d'organiser avec clarté les mathématiques (p. 47), qu'elle est source de contentement et d'espérance pour les autres sciences (p. 29, 48), Descartes déclare qu'elle est incomplète car « les principes [des sciences] devaient tous être empruntés de la philosophie » (p. 49). Nous avons du mal à suivre cette thèse parce qu'elle contredit ce qui précède : **Descartes vient, par lui seul, de mettre à jour les principes d'une pensée autonome et active et semble vouloir la soumettre à la métaphysique.** Ce sera l'entreprise de toute la quatrième partie que de tenir ensemble ces deux mouvements antagonistes[1].

LA MÉTHODE DE DESCARTES CRITIQUÉE PAR LES SCIENTIFIQUES DU XXe SIÈCLE

L'examen critique d'une philosophie ne consiste pas à la ruiner ou à la rejeter mais à la situer dans sa dimension propre. Par la mise à jour de ses sous-entendus, de ses postulats implicites, il s'agit de dévoiler aussi bien son contenu idéologique, ses tensions ou contradictions internes que sa cohérence propre.

1. Cf. plus loin chap. 6.

Que pense-t-on aujourd'hui des bases que Descartes donne aux sciences ? Les scientifiques du XXᵉ siècle se sentent-ils redevables à Descartes ?

G. Bachelard répond exactement à ces questions dans l'ouvrage *Le nouvel esprit scientifique*[1]. D'une part, il souligne l'importance du cartésianisme dans l'histoire des sciences. **La méthode cartésienne** qui conseille la suspension du jugement, la mise en ordre des idées, garde toute sa valeur pédagogique, elle **« s'inscrit au seuil même de toute recherche scientifique »**.

Mais, d'autre part, le savant contemporain doit, selon Bachelard, adopter une attitude « non-cartésienne ». Il doit dénoncer deux postulats qui sous-tendent la méthode cartésienne :

1° — Le postulat de l'absolu : Descartes pense que la raison atteint des vérités immuables, qu'elle parvient à l'absolu. La science contemporaine, au contraire, souligne que la raison atteint des vérités et non une Vérité, que ce qui fait la vérité d'une idée, ce n'est pas tant son contenu que la validité du raisonnement qui l'a amenée. Ainsi, reprenons l'exemple proposé par Descartes (p. 48) de l'enfant faisant une addition juste. Pour Descartes, l'enfant qui a effectué un bon calcul trouve *une vérité* parce qu'il trouve *le seul résultat possible*. Aujourd'hui, nous dirions qu'il découvre une vérité parce qu'*il obéit aux règles proposées dans un système donné* (ici la numération en base 10 qui est la plus commune), mais le résultat pourrait être différent dans un autre système.

2° — Le postulat du simple : Descartes pose qu'il y a des idées simples dont la pensée doit partir (deuxième et troisième règles). Ces idées simples sont, pour lui, les idées des choses simples, par exemple « la figure, l'étendue, le mouvement[2] ». C'est dire que les idées simples sont les idées exprimant les éléments constitutifs des choses : il n'y a pas de corps sans figure, étendue et mouvement et donc pour penser ces corps, il faudra d'abord penser ces éléments.

1. *Le nouvel esprit scientifique*, PUF, p. 139 sqq.
2. *Règles pour la direction de l'esprit*, XII (Pléiade, p. 81).

Mais on peut faire ici deux remarques. D'abord, ce qui est « simple » pour la raison, c'est ce à quoi elle s'arrête à un moment donné des techniques et des connaissances, mais non ce qui est absolument simple. « Le simple, c'est toujours du simplifié », écrit G. Bachelard. Et il montre que Descartes lui-même a simplifié les « idées simples » auxquelles s'arrêtait la physique aristotélicienne : Aristote distinguait le mouvement naturel d'un corps laissé à lui-même et le mouvement forcé d'un corps propulsé par un autre. Descartes a unifié ces idées en ramenant tous les mouvements à un déplacement spatial. La physique contemporaine a, en sens inverse, diversifié ce que Descartes considérait comme simple : ainsi, en passant à l'échelle microscopique, le mouvement, par exemple, apparaît comme un phénomène complexe résultant de multiples actions plus « simples ». C'est donc arrêter la recherche que de lui fixer un point de départ fixe.

De plus, et ici les deux postulats se rejoignent, Descartes pense que les idées simples de la raison représentent absolument les éléments simples de la nature. C'est dire que, pour lui, l'ordre de la pensée coïncide avec celui des choses : la pensée commence par ce qui est à l'origine des choses, et s'organise en retrouvant l'organisation des choses. La troisième règle apparaît à ce propos révélatrice par son ambiguïté, car elle parle d'« objets » à mettre en ordre, terme qui désigne aussi bien des idées (objets de pensée) que les choses matérielles. Cette thèse révèle ce que l'on peut appeler **un certain idéalisme de Descartes qui tient à ce qu'il accorde à la pensée le privilège de connaître les choses telles qu'elles sont** (sans envisager que les choses échappent ou résistent à la pensée humaine, par exemple).

indépendant

BILAN

À la fin des deux premières parties du *Discours*, où en est l'entreprise cartésienne ? Nous proposons à ce bilan deux axes (qui se retrouveront à chaque fin de chapitre) :

— **La pensée autonome** constituée par ce que Descartes affirme ou démontre. Elle comporte ici des principes (la raison, p. 29, 37 ; l'indépendance, p. 32 ; l'unité, p. 44 et l'ordre, p. 48) et une méthode (p. 46). Mais elle n'a pas encore de contenu, elle a seulement fait le vide en rejetant les opinions admises et en tâchant d'éviter de nouvelles erreurs.

— **La pensée soumise** : il s'agit de ce que Descartes admet sans discussion soit par prudence soit par adhésion. Il dit « révérer » la théologie (p. 35), il refuse de passer pour un réformateur (p. 40, 42), il ne veut pas être un exemple (p. 31, 43).

Une morale inachevée   5

« UNE MORALE PAR PROVISION »

Au premier abord, la troisième partie du *Discours* est amenée
par la question suivante : comment vivre quotidiennement
quand on s'est fixé une tâche intellectuelle longue et ardue ?
Mais cet arrêt dans la reconstruction de la connaissance pour
l'examen de ses conditions pratiques étonne. S'agit-il seulement d'une parenthèse familière sur la vie du philosophe ou
bien faut-il y voir une étape nécessaire du mouvement de sa
pensée ? La question est délicate car Descartes tient à propos
des règles de conduite ici proposées un double langage.

D'abord, Descartes parle d'une **« morale par provision**
qui ne consistait qu'en trois ou quatre maximes »** (p. 51). Il
s'agit donc d'un ensemble de règles de vie, énoncé en
quelques préceptes. Mais comment entendre cette expression
désuète « par provision » ? Elle désigne à l'époque un acompte
certes partiel mais non remis en question (nous avons peut-
être l'écho de ce sens dans « verser une provision »). On prend
donc « par provision » quelque chose d'applicable immédiatement et qui est aussi un acquis définitif. Et c'est bien ce que
semble dire Descartes quand il affirme qu'**il met ces maximes
morales « à part »** avec les vérités de la foi (p. 56). Il semble
là se constituer une sorte de **bagage minimum** lui permettant
d'atteindre les deux buts qu'il a alors, à savoir, vivre le plus
heureusement possible (p. 51) et continuer à s'instruire
(p. 56). La confirmation de la valeur de cette morale se
trouverait dans le fait que Descartes distingue les actions et
les jugements (p. 51) et reconnaît que dans le domaine
pratique la nécessité (p. 52) et l'urgence (p. 53) nous amènent

à suivre des opinions auxquelles il faut **croire** car il est impossible ici de **savoir** la vérité (p. 52). C'est, en effet, un thème cartésien que d'opposer **la volonté** qui décide, même aveuglément, et **l'entendement** qui connaît (cf. *Discours*, IV). De plus, nous pouvons évoquer les passages où Descartes déjà (p. 35, 41, 42) séparait les mœurs et la connaissance.

Mais justement ces distinctions, loin de valoriser à nos yeux cette morale qui, avec la théologie, se trouve « à part », en dehors du savoir, nous la rendent suspecte. Pourquoi ce traitement spécial, ne tient-il pas seulement à la grande prudence d'un Descartes soucieux de ne pas paraître trop réformateur ? Comment expliquer que la raison conquérante puisse accepter que des domaines lui échappent ?

EST-ELLE PROVISOIRE ?

Or le deuxième langage de Descartes consiste précisément à dire que la morale ici établie n'est que provisoire et qu'elle devra être remplacée dès que la raison aura, à leur tour, examiné les opinions morales et jugé de leur valeur. Ainsi **la morale présente ne serait plus un acquis mais simplement un pis-aller, une solution d'attente.** On peut tirer cela de l'image initiale du logis (p. 51) : Descartes parle d'un logement à rebâtir (la connaissance) et d'un logement différent, occupé en attendant (la morale par provision). Surtout c'est ce qu'on peut lire très nettement dans le bilan de cette morale (p. 56), où Descartes indique que les maximes énoncées seraient insatisfaisantes intellectuellement et moralement si elles n'étaient accompagnées du projet de les examiner et de les juger rationnellement « lorsqu'il serait temps ». Et, de plus, il annonce qu'il faut non pas distinguer — comme il vient de le faire (p. 51-52) — mais réunir jugement et action, c'est-à-dire accorder entendement et volonté parce que la connaissance doit aussi guider la morale.

Or le temps de cet examen et de cette réunion ne se trouvera pas dans le *Discours*... Aussi nous reste-t-il à analyser cette morale ambiguë qui est limitée mais seule présente, dévalorisée mais finalement conservée.

TROIS MAXIMES

Admettons donc, pour l'instant, qu'il s'agit ici de savoir comment vivre heureux (p. 51) et se rendre content (p. 54). Cela signifie pour Descartes ne souffrir ni de l'hostilité des autres, ni des tourments de sa conscience, ni des revers de la fortune[1]. Comment se comporter envers les autres, soi-même et le monde, telles sont les questions que règlent les trois maximes cartésiennes :

— envers les autres, qu'il s'agisse de personnes ou de groupes, il convient d'être modéré (p. 51, 52) afin d'éviter les heurts que provoquent l'originalité ou l'excès. N'est-ce pas encore le passage par le scepticisme qui permet, au nom de l'utilité et de la commodité (p. 52), de prôner un **conformisme social sans illusion mais aussi sans aveuglement** ?

— envers soi-même, c'est la constance dans ses opinions qui est la plus bénéfique (p. 53). En sachant que les actions humaines sont relatives, on en acceptera les limites sans repentir ni remords (p. 54). Là encore **le scepticisme a ôté en même temps l'illusion de parvenir à l'absolu et le regret d'y manquer** ;

— enfin, envers le monde, il faut parvenir au détachement (p. 54) ou du moins essayer de l'atteindre. Ici la tâche est plus ardue car il ne s'agit plus seulement de perdre des illusions, mais de s'affronter aux événements extérieurs qui s'imposent aux hommes. Aussi le scepticisme devient insuffisant et il faut lui adjoindre un certain *stoïcisme*[2] qui permet de supporter les souffrances et les malheurs. Il s'agit de se détacher des choses et des êtres afin de n'être affecté ni de leurs changements ni de leur perte. Ainsi, en sachant « **changer [ses] désirs plutôt que l'ordre du monde** » (p. 54), selon la célèbre formule de Descartes, parvient-on à la sérénité. Mais Descartes reconnaît que c'est une attitude difficilement acquise qui nécessite une longue discipline et une réflexion fréquente (p. 54). Donc cette troisième maxime semble bien être la clé des deux premières, car pour parvenir au détachement dont

---

1. *Fortune* : hasard heureux ou malheureux.
2. Stoïcisme : école philosophique de l'Antiquité qui professait de résister aux événements en s'y rendant indifférent. Cf. être stoïque.

elles témoignent il faut s'être rendu indifférent à tout ce qui est extérieur à soi et renoncer à agir dessus.

Mais alors **cette morale** résumée par la formule si banale « faire de nécessité vertu » (p. 54), c'est-à-dire se plier à ce qu'on ne peut éviter, n'est pas si accessible qu'elle paraissait et elle **contient une certaine vérité.** Cette vérité, c'est d'enseigner qu'« il n'y a rien qui soit entièrement en notre pouvoir, que nos pensées » (p. 54).

MORALE ET CONNAISSANCE

En parlant de vérité de la morale, nous retrouvons le problème des relations entre la connaissance et la morale. C'est en les élucidant que nous pourrons lever l'ambiguïté d'où nous sommes partis, à savoir : la morale du *Discours* est-elle définitive ou provisoire ?

Elle semble être définitive quand morale et connaissance se séparent. En effet, si la morale échappe à la raison, elle devra toujours se contenter de quelques maximes tirées de l'expérience. Elle servira seulement à libérer l'esprit qui veut connaître (p. 56).

Mais la morale du *Discours* paraît aussi n'être que provisoire si l'on affirme que la raison peut maîtriser toutes les pensées, y compris les volontés. Sans doute je peux parfois choisir sans connaître (p. 52), c'est-à-dire adopter des positions sans y réfléchir, suivre des opinions reçues, des préjugés. Mais je peux aussi décider de ne choisir qu'après réflexion, qu'en connaissance de cause. Dans ce dernier cas, **ma volonté (qui choisit) obéit à mon entendement (qui connaît).** C'est dans ce cas que selon Descartes je suis vraiment libre (voir plus loin p. 43 sur la liberté chez Descartes).

Ainsi, je peux avoir le projet d'une morale rationnelle, d'une morale où l'action serait guidée par la raison. Elle aurait pour règle « **bien juger, pour bien faire** » (p. 56), c'est-à-dire réfléchir pour savoir comment agir, juger avec justesse pour agir avec justice.

LE PROJET D'UNE MORALE RATIONNELLE

Descartes retrouve ici une inspiration qu'on peut nommer *intellectualiste* : il subordonne l'action au jugement, l'acte au raisonnement. Celui qui fait le bien opère une déduction juste : il trouve l'action qui convient en fonction des éléments donnés. Celui qui fait le mal, lui, opère un raisonnement erroné : la faute n'est qu'une erreur, une mauvaise déduction. **Descartes dira « le pécheur est un ignorant »** comme Socrate avait dit « nul n'est méchant volontairement » : **le mal n'est pas voulu pour lui-même, il se produit par suite d'un raisonnement faux.** Par exemple, si je mens, c'est parce que je calcule, à court terme, mon intérêt, je vise à ce qui m'est utile à un moment donné sans raisonner sur la valeur à long terme du mensonge, car alors je comprendrais qu'il est nuisible aux relations humaines.

C'est aussi ce que dira Kant qui ramène l'action à un calcul : mon action peut-elle devenir une règle universelle[1] ? Je ne dois pas faire ce que l'humanité ne pourrait pas faire sans contradiction. Ainsi, pour le mensonge, il est clair que je ne peux m'y adonner que si les autres croient que je dis la vérité. Il y a donc une contradiction : je mens en sachant que c'est la vérité qui est admise par les hommes. Cette contradiction rationnelle suffit à me faire repousser le mensonge.

Mais, dans ce type de morale, la morale est finalement vide, elle est entièrement soumise au jugement rationnel : elle n'est plus affaire de choix mais de savoir. **La morale ne peut devenir rationnelle qu'en s'annulant** : si je connaissais parfaitement le corps, les autres et les lois de la nature, je déduirais mon action de ces données comme j'en déduis mes connaissances. Je conclurais : « Il ne faut pas mentir » comme je conclus « 2 + 2 font 4 » ; ce serait vrai et non plus bon ou mauvais. **La morale serait donc une science,** elle serait absorbée par la connaissance.

---

1. Voir surtout Kant, *Fondements de la métaphysique des mœurs*, Éd. Delagrave.

L'IMAGE DE L'ARBRE

Nous pouvons confirmer que cette perspective d'une morale se confondant avec la connaissance se trouve chez Descartes dans la métaphore des *Principes*[1] : « Toute la philosophie est comme un arbre dont les racines sont la métaphysique, le tronc est la physique et les branches qui sortent du tronc sont toutes les autres sciences qui se réduisent à trois principales, à savoir la médecine, la mécanique et la morale : j'entends la plus haute et plus parfaite morale qui, présupposant une entière connaissance des autres sciences, est le dernier degré de la sagesse. » Nous aurons beaucoup à dire de cet arbre du savoir (cf. chap. 6 et 7). Nous le citons ici seulement pour remarquer la place étonnante de la morale qui est à la fois une science et la synthèse des autres sciences et réclame une explication spéciale. Ce qui revient à dire que **dans le savoir idéal et achevé il y aurait une morale tout entière tirée de la raison** qui, par là même, ne serait plus une morale mais bien la sagesse suprême. Mais c'est soutenir aussi que dans la connaissance inachevée il ne peut y avoir de morale qu'incomplète, mise « à part ». Ainsi, la morale par provision va durer parce que la morale rationnelle est un rêve impossible, celui d'un règne de la raison. Et Descartes tantôt renie la morale du *Discours* comme « imparfaite[2] », tantôt au contraire la reconduit en expliquant qu'elle demande à chacun d'agir « autant qu'il peut, selon la raison[3] ».

1. Descartes, Lettre-préface aux *Principes de la philosophie* (Pléiade, p. 566).
2. Descartes, Lettre-préface aux *Principes de la Philosophie* (Pléiade, p. 566).
3. Lettre à Élizabeth, 4 août 1645 (Pléiade, p. 193).

LA LIBERTÉ CHEZ DESCARTES

Le *Discours* contient, dans cette troisième partie consacrée à la morale, seulement une allusion à la liberté humaine qui est pourtant la condition de toute morale. Il n'y a de morale que pour un être capable de choisir.

Le thème de la liberté se trouve développé dans les *Méditations* (notamment *Méditation* IV, p. 222-223). La volonté est une puissance infinie en moi : elle me permet de choisir sans être aucunement déterminé par des forces extérieures. **Cette expérience de choix est la preuve de ma liberté, de mon libre arbitre,** c'est-à-dire justement de mon pouvoir d'agir selon moi-même et moi seul.

Mais ma liberté connaît des degrés :

— quand je choisis dans l'*indifférence,* sans raison, j'ai une *liberté minimale* car je ne suis pas capable de justifier mon choix. Par exemple, si je prends au hasard un chemin que je ne connais pas : je prends une décision *libre* mais d'une liberté sans grande valeur.

— quand je fais un *choix délibéré,* guidé par ma connaissance de la vérité, j'ai une *liberté authentique* dans laquelle la volonté adhère librement à la vérité. Par exemple, si, ayant compris un raisonnement, je soutiens un résultat scientifique, ma décision est *libre et vraie.*

— le suprême degré de la liberté serait de toujours choisir le vrai et le bien en parfaite connaissance de cause : «être entièrement libre sans jamais être indifférent» (p. 223). Il y aurait ici une parfaite et constante harmonie entre ma volonté qui choisit et mon entendement qui sait. Seul Dieu parvient à réaliser cette harmonie, mais c'est à elle que l'homme doit viser.

Aussi, pour Descartes, **la liberté humaine est infinie** mais elle n'est pas affirmation intempestive de soi. Être libre ce n'est pas faire n'importe quoi, agir sans règle ni limite. **L'homme libre se soumet librement à la vérité.**

BILAN

Descartes est amené désormais au seuil de la métaphysique : il ne peut plus retarder l'examen des fondements de la connaissance.

— La troisième partie du *Discours* confirme qu'il y a dans la pensée de Descartes une part de **conservatisme** et de prudence. On y trouve le conformisme, la modération, le respect de la théologie et de la morale établies et le renvoi d'une morale rationnelle à plus tard (p. 56).

— L'audace et l'**autonomie** semblent avoir marqué le pas. On voit cependant l'affirmation de l'indépendance de la pensée (p. 54) et l'intention de continuer la méthode (p. 55 et 59).

Les fondements
métaphysiques

6

LE MOMENT CRUCIAL

La partie IV du *Discours* constitue indiscutablement un pivot de la pensée cartésienne. Dans le *Discours* c'est en elle que la recherche aboutit à des découvertes, que les questions trouvent leurs réponses. Et dans l'œuvre de Descartes c'est la première formulation de thèses qui seront désormais posées comme des vérités, vérités expliquées, répétées, développées, mais jamais reniées ni modifiées.

C'est le moment crucial, celui où, véritablement, se croisent et se nouent les deux mouvements qui animent la démarche de Descartes. **Le premier mouvement, négatif, est celui du doute** qui, après avoir été celui d'un sceptique désabusé (Ire partie), puis celui d'un savant méthodique (IIe partie), devient ici celui d'un philosophe radical. Il ne s'agit plus seulement d'être irrésolu, ni même de suspendre son jugement mais de rejeter « comme absolument faux » ce qui est douteux (p. 61). C'est donc un doute actif et ravageur qui manifeste un passage à l'absolu. Or, **le deuxième mouvement, mouvement positif de la recherche** qui espérait des vérités (Ire partie), puis en établissait quelques-unes dans les sciences (IIe partie), opère le même saut et réclame maintenant « quelque chose... entièrement indubitable » (p. 61). Telle est la jonction : **douter absolument pour savoir absolument,** combler le doute le plus extrême par la vérité la plus ferme.

Pourtant, alors qu'elle est au paroxysme de sa puissance (atteindre l'absolu), la pensée humaine se dénonce elle-même : elle s'avoue incomplète parce que l'absolu lui manque et

45

insuffisante parce que l'absolu lui est nécessaire. Alors « **douter pour savoir** » se prolonge en « **savoir pour s'arrêter** ».

Mais Descartes ne voit pas ici une divergence, il maintient ensemble ces deux exigences qui nous paraissent antagonistes.

LE DOUTE ABSOLU

Dans la mesure où Descartes est connu comme « le philosophe du doute », il paraît inévitable qu'il ait douté comme si c'était là son destin. Mais ce serait manquer le sens et la portée du doute que de le voir seulement une fois achevé et accompli. Il faut le retrouver dans son mouvement réel comme un choix douloureux, difficile, d'une audace et d'une force étonnantes. Dans le *Discours* Descartes lui-même le résume en quelques lignes rapides qui en atténuent la virulence et l'importance. Dans ses œuvres ultérieures, notamment dans les *Méditations métaphysiques* — auxquelles nous nous référerons aussi — il lui donnera beaucoup plus d'ampleur et le mettra au début de sa philosophie.

Dans le *Discours*, nous avons déjà rencontré le doute, le doute vécu qui s'est transformé en règle de jugement (première règle de la méthode). C'est un doute méthodique qui élimine préjugés, opinions toutes faites, erreurs. Mais c'est un doute qui s'exerce de façon continue et fait confiance à la raison pour examiner et juger (p. 57).

Or le doute dont il s'agit maintenant est d'une autre nature : ce n'est plus cette attitude permanente, c'est **une étape de la réflexion,** un moment déterminé, le point de départ de la connaissance. Car après ce doute, « après cela » (p. 61), c'est toute la connaissance qui est engagée et orientée.

C'est donc bien une décision nouvelle dont Descartes peut souligner le caractère **volontaire** : cette volonté de douter « une bonne fois » (p. 41) n'est pas spontanée, elle est délibérée et même forcée. Elle se maintient par des artifices : il faut « imaginer », « supposer » et « feindre » des raisons de douter (p. 61, 62).

C'est **un doute hyperbolique c'est-à-dire excessif** : le douteux sera dit faux, de « quelquefois » on passera à « toujours », de quelques-uns » on conclura à « tous ». Ces extensions, dans tout autre contexte, paraîtraient des abus, des erreurs. Mais Descartes les justifie par son intention de passer à l'absolu, d'être **radical** : il veut juger les opinions non selon leur contenu mais selon leurs sources, leurs principes.

Et les résultats de ce doute sont à la mesure de ses caractères : **aucune de nos pensées ne triomphe d'une telle suspicion.** Aux croyances morales déjà écartées du domaine de la vérité (cf. IIIe partie), viennent se joindre les données des sens et les jugements de la raison. Nos sensations ne sont ni stables ni fidèles au monde extérieur (« nos sens nous trompent quelquefois »), on ne peut donc se fonder sur elles pour connaître le corps humain ou les choses sensibles. C'est **la ruine de toutes nos conclusions expérimentales,** qui ne sont que nos impressions. Et nos raisonnements ne sont pas plus sûrs (nous y commettons des erreurs). Cette fois c'est **la ruine de toutes nos démonstrations.**

Alors le doute atteint un degré vraiment **métaphysique** : il amène à envisager que toutes nos pensées ne sont pas « plus vraies que les illusions de [nos] songes » (p. 62). Autrement dit, Descartes estime que notre esprit est peut-être toujours et seulement producteur de rêves, d'une illusion fondamentale qui nous condamnerait à l'apparence, à la relativité. Ceci atteint aussi **les acquis de sa propre réflexion** : la méthode, les mathématiques sont aussi ruinées, dissoutes par cette hypothèse du rêve.

L'ENJEU MÉTAPHYSIQUE DU DOUTE

L'**hypothèse du rêve,** cette idée que l'homme est peut-être entièrement dans l'illusion comme le rêveur, révèle le rôle ultime de la connaissance pour Descartes : c'est un rôle métaphysique. En effet, **si la connaissance que nous pouvons avoir du monde est suspecte, alors c'est le sens même de l'existence de l'homme et de l'existence du monde qui est mis en cause.** Un monde échappant à la pensée humaine et une pensée incapable de saisir le monde, **ce serait le signe d'une absurdité radicale de toute existence.**

Cette perspective angoissante prend, dans les *Méditations*, la figure du **Malin Génie.** Ne pourrait-il exister un «grand trompeur[1]», un dieu tout-puissant mais mauvais qui s'emploierait à nous leurrer, à nous tromper toujours ? Le monde serait alors une gigantesque illusion que ce maléfique prestidigitateur présenterait à nos sens et à notre raison pour les berner. Ce n'est qu'une fiction destinée à maintenir notre vigilance, s'empresse de dire Descartes. Pourtant quelle force dans cette hypothèse d'un dieu trompeur et d'hommes mystifiés ! C'est la pire éventualité métaphysique et Descartes va la réfuter complètement, mais le Malin Génie demeure le symbole d'une horreur qui effraie et exalte en même temps celui qui l'aperçoit et la combat.

Le Malin Génie n'apparaît pas dans le *Discours* dans lequel Descartes ne semble pas avoir encore mesuré toute l'importance du doute.

LE COGITO

Alors que le doute règne à son maximum d'intensité et d'extension, surgit une vérité «aussitôt après» (p. 62). Quel coup de force permet ce renversement brutal ? C'est l'achèvement du doute : en ruinant tous les contenus de la pensée, il a par là même mis en évidence l'activité de cette pensée capable de nier, de refuser, de douter. Quand je rejette mes croyances, mes opinions et même mes démonstrations, je prouve le travail de ma pensée, je réalise ma pensée en acte. **Même si je pense que tout est faux, il est incontestable que** *je pense* **cette fausseté même et** *donc* **que** *je suis* **en train de penser** (p. 62).

«Je pense donc je suis» : c'est certainement la formule philosophique qui a le plus fait fortune. Répétée, modifiée, détournée même, elle a traversé le temps et atteint les publics les plus variés. Elle a même donné un nom commun : à partir de la traduction latine «cogito ergo sum», on dit «*le cogito*» pour désigner la pensée consciente d'elle-même. C'est **l'acte de penser** qui se découvre et s'affirme ainsi. Et c'est là toute

1. *Première Méditation* (p. 178).

48

la force du cogito qu'en voulant le nier, on l'affirme encore, car c'est en doutant qu'on le rencontre. Si je doute, je pense. **Le cogito sort du doute et c'est le doute qui le prouve.** Descartes écrit parfois : « je doute donc je suis ». Il y a donc bien là une certitude aussi absolue que le doute qui l'a amenée, une première vérité indubitable. Mais cette vérité, d'une force aussi inattendue qu'invincible, que contient-elle exactement ?

Elle joue en fait un double rôle : elle est la première vérité et la première existence. D'une part, en effet, c'est par sa forme une proposition vraie et, d'autre part, son contenu est l'affirmation d'une réalité.

LA PREMIÈRE VÉRITÉ : JE PENSE DONC JE SUIS

Comment cette formule peut-elle être vraie ? Contient-elle un raisonnement comme le mot « donc » le laisserait croire ? Est-elle le résultat d'un syllogisme qui serait : « pour penser il faut être, or je pense donc je suis » ? Si tel est le cas, le doute est violé puisqu'il vient de rejeter les raisonnements.

Descartes refuse nettement cette interprétation en soulignant que **le cogito est donné par une intuition,** c'est-à-dire par un acte unique, immédiat et instantané de la pensée. Je ne raisonne pas, je saisis d'un bloc la vérité de cette phrase : « je pense donc je suis ».

La formule « pour penser il faut être » est une règle logique qui ne prouve pas que la pensée existe, pas plus, par exemple, que la définition du cercle ne prouve qu'il existe des cercles. Avant la découverte de ma pensée, je ne sais donc pas si la relation « pour penser il faut être » peut jouer dans la réalité. C'est seulement à l'occasion de ma pensée que je mets en œuvre cette relation : donc **le cogito est bien premier** en ce sens qu'il réalise une relation qui n'était que théorique.

Cette situation du cogito est confirmée par le fait que celui-ci **se dit toujours à la première personne** : c'est un « je », un « moi » qui s'atteint lui-même dans son unité. Chacun peut formuler le cogito mais seulement pour lui-même.

Ainsi, intuitif et subjectif, le cogito est pour Descartes un élément simple. Un de ces «objets simples» dont l'ordre, selon la troisième règle (p. 46), doit partir.

LA PREMIÈRE EXISTENCE :
JE SUIS UNE CHOSE QUI PENSE

Le cogito découvre et affirme une existence. Cela est fortement souligné par le fait que le « je suis » est répété, sous diverses formes verbales, neuf fois dans le paragraphe qui suit sa première formulation (p. 62... ce que j'étais... que je fusse... j'étais... etc.). Et dans les *Méditations* la formule devient « je suis, j'existe » dont la redondance est éloquente. Mais quelle existence est ainsi affirmée ? Le cogito ne semble pouvoir être évident et simple que s'il est purement tautologique, c'est-à-dire s'il se contente d'expliquer « je pense donc je suis pensant » ou « je pense donc je suis une pensée ». Cela est indiscutable mais reste circulaire et verbal.

Or, ce n'est pas du tout ce que Descartes met dans le cogito puisqu'il en fait un élément fécond et actif. La fécondité du cogito se marque en ce que Descartes le développe et y trouve immédiatement une définition : « Je connus de là que j'étais une substance dont toute l'essence ou la nature n'est que de penser » (p. 62). Mais **comment justifier cet enchaînement « je pense donc je suis, donc je suis une substance pensante »** qui semble, subrepticement, fournir un contenu à ce qui n'était qu'un acte ?

C'est le mot « penser » qui fournit l'explication. En effet, penser désigne, au départ, un acte, l'opération qui forme, examine, conserve ou rejette les connaissances. C'est une activité indifférente au contenu de ces connaissances puisqu'elle se rencontre également quand l'esprit saisit une idée, une image ou un raisonnement... **Penser signifie donc avoir conscience,** et précisément la définition de l'esprit c'est d'être la faculté qui saisit immédiatement en elle-même toutes les pensées[1]. Mais une telle activité réclame un sujet qui l'accom-

1. Cf. *Principes*, § 9 (Pléiade, p. 574).

plisse, « la pensée ne peut pas être sans une chose qui pense[1] ». C'est donc ainsi que l'on arrive à l'idée de substance pensante.

COMMENT PARVIENT-ON À CETTE PREMIÈRE EXISTENCE ?

Il faut pour suivre ce raisonnement comprendre ce que Descartes sous-entend. Il applique un schéma qui lie mode, attribut et substance.

Tous les objets qui existent sont soit des choses matérielles, soit des idées. *Une chose matérielle* a des dimensions (longueur, largeur, hauteur...) qui sont ses qualités, ce que Descartes appelle ses **modes.** Ces dimensions montrent que cette chose occupe un certain espace, une certaine étendue. *Être dans l'espace* est la caractéristique de tout corps matériel, c'est son **attribut,** sa propriété essentielle. Et donc être dans l'espace, c'est être un corps, être une **substance corporelle.** De la même façon, *une idée* a certains **modes** : elle est, par exemple, une opinion, une imagination, un jugement. Ces qualités ont en commun d'être nécessairement pensées : **l'attribut** qu'indique toute idée est donc *la pensée.* Et pour que cette pensée existe, il faut un esprit pensant, **une substance spirituelle.**

Donc on a le schéma suivant :

modes	attribut	substance
qualités physiques	être étendu	corps
qualités spirituelles	être pensé	âme

Et c'est en songeant à ce schéma que Descartes conclut de la pensée comme activité au sujet pensant : si je pense, je suis une âme.

Descartes manifeste ici une option **dualiste** : il sépare radicalement les deux composants qui constituent l'homme, l'âme et le corps. Il affirme que **la pensée ne peut être l'œuvre du corps** et qu'elle renvoie à une autre réalité, l'âme qui « est entièrement distincte du corps » (p. 63).

1. Réponses aux troisièmes objections (Pléiade, p. 405).

LA CRITIQUE DE KANT

Si les cinq mots du cogito et les quelques lignes qui le suivent, appellent des précisions et des explications, c'est que tout ce passage ne va pas de soi. De proche en proche, la pensée cartésienne se nourrit d'éléments sous-entendus et discutables. Kant, le premier, a analysé les déductions faites à partir du cogito : il affirme qu'elles ne sont jamais que des **paralogismes**, c'est-à-dire des raisonnements abusifs, puisqu'elles prétendent donner un contenu au « je pense[1] ». En effet, le « je pense » est simplement la prise de conscience du sujet (s'il y a une pensée, il y a un sujet qui la pense), il n'a aucun contenu, c'est une fonction logique. C'est ce que Kant appelle « le sujet transcendantal », le « je » qui accompagne toute connaissance (*je* crois, *je* pense, *je* sais...). Or « je ne me connais pas moi-même par cela seul que j'ai conscience de moi, comme être pensant[1] » : le sujet de la connaissance (« je ») ne peut, de lui-même, devenir objet de connaissance. **Le paralogisme va consister à transformer la conscience du sujet en connaissance du sujet.**

Deux des paralogismes mis en pièces par Kant se trouvent chez Descartes :

— « **le paralogisme de la substantialité** » : du « je pense » on tire « je suis une substance pensante ». C'est dire qu'on attribue au « je » un ensemble de qualités, celles de la substance (existence, permanence...) dont rien ne prouve qu'elles soient nécessaires à la réalisation de la pensée. Le sujet logique est transformé en sujet réel avec pour seule justification le langage, dira, dans le même sens, Nietzsche[2] : « dire que s'il y a de la pensée, il doit y avoir aussi « quelque chose » qui pense, ce n'est encore qu'une façon de formuler, propre à notre habitude grammaticale qui suppose à tout acte un sujet agissant ».

— « **le paralogisme de la simplicité** » : de la simplicité du « je pense » (c'est la même conscience qui accompagne toutes mes pensées), on conclut à la simplicité de la substance

1. E. Kant (1724-1804), *Critique de la raison pure*, Éd. P.U.F., 1965, p. 278-300.
2. F. Nietzsche (1844-1900), *Volonté de puissance*, NRF (tome 1, 29ᵉ édition, 1947).

pensante, c'est-à-dire à l'affirmation qu'elle ne pourrait avoir plusieurs causes et qu'elle ne pourrait venir du corps qui assure d'autres fonctions. La substance emprunte ici les qualités du sujet logique sans que rien ne les lui garantisse. En particulier, rien ne prouve qu'elle soit seule source de la pensée : la pensée ne pourrait-elle être l'œuvre du corps seul ou du corps et de l'âme ensemble ?

L'ENTRÉE EN MÉTAPHYSIQUE

Après la découverte du cogito et l'affirmation de l'existence du sujet pensant, Descartes va entrer dans le domaine, deux fois invoqué déjà (p. 49, 58) et mis en cause par le doute, à savoir **la métaphysique.**

Quel est le bilan à ce moment ? Le doute règne mais le cogito, certitude vivace, lui fait échec tant dans la connaissance que dans l'existence.

1° Comme première vérité, le cogito prouve que la vérité est accessible et même qu'on peut en déterminer les critères. En effet, le cogito est une vérité exemplaire, un modèle de vérité : **sera vraie toute idée ou proposition qui, comme le cogito, sera claire et distincte** (p. 63). L'esprit peut donc prendre pour règle que ce qu'il saisit par un acte unique et complet est une vérité. C'est la première règle de la méthode qui est désormais réalisée. **Le cogito est ainsi le moteur de la connaissance** puisqu'il garantit la valeur des idées, annule le doute qui pesait sur elles et relance donc les déductions de la raison.

2° Comme première existence, de même, le cogito atteste qu'il y a au moins une réalité, moi, et par sa seule présence il entame le doute métaphysique. Les maléfices du Malin Génie butent sur lui : « qu'il me trompe tant qu'il voudra, il ne saurait jamais faire que je ne sois rien, tant que je penserai être quelque chose[1] ». Est-ce donc la marche triomphale du sujet, garant de la connaissance et de l'existence, qui s'annonce ici ?

Non, cette marche n'aura pas lieu car Descartes réserve au

1. *Deuxième Méditation* (p. 180).

cogito d'être actif non par sa force positive mais par ses manques. C'est négativement qu'il va relancer la réflexion : **il n'assure pas** qu'aux idées correspondent des réalités (p. 65, 66). Comme existence il fournit la conscience d'un sujet solitaire et vulnérable : **il n'assure pas** que d'autres sujets puissent exister, ni même que je puisse être si je cessais de penser (p. 62). Ainsi, c'est dans l'insuffisance du cogito que débute la suite de conséquences que Pascal a qualifiée d'« admirable[1] » et qui l'est surtout en ce qu'elle va systématiquement limiter, réduire et finalement soumettre le cogito.

Et cela apparaît très vite quand, soudain, **le doute est désavoué, dénoncé comme une imperfection. Douter c'est ne pas savoir, c'est n'être pas parfait.** Le doute n'est plus vécu, utilisé par le sujet, il est jugé relativement à « quelque chose de plus parfait » (p. 63). Une évaluation négative est faite qui suppose la référence à d'autres êtres plus parfaits et surtout à Dieu, l'être le plus parfait (p. 64).

Pour Descartes, les deux rôles du cogito (moteur de la connaissance et preuve d'imperfection) sont liés l'un à l'autre. Si je cherche à savoir, si je doute, c'est que je suis ignorant, c'est que je ne suis pas parfait. C'est à nos yeux donc qu'il paraît y avoir changement de point de vue et recul. Mais dans la pensée cartésienne il est nécessaire d'ainsi reculer — revoir notre § intitulé « un mouvement de recul » p. 25 —.

L'APPEL À DIEU :
PREUVES DE DESCARTES ET OBJECTIONS

Si donc le cogito en s'affirmant dévoile son imperfection, ce n'est pas en lui qu'on trouvera la certitude absolue qui est visée. **Le cogito est une vérité, il n'est pas toute la vérité.** Pour passer à l'absolu, il faut changer de perspective : c'est Dieu qu'il faut appeler.

Cet appel est lancé de l'intérieur même du cogito. C'est dans moi-même que j'éprouve en même temps mon existence et mon incomplétude, dit Descartes. Je me compare à la perfection dont j'ai l'idée et je me sens inférieur. C'est donc

---

1. Pascal, *Pensées,* Garnier, 1960.

l'idée de perfection qui va être le moteur de la découverte de Dieu.

Descartes tient deux raisonnements conjoints qui débouchent sur Dieu, **deux preuves de Dieu :**

— **Première preuve : le sujet a en lui l'idée de parfait.** Il ne peut avoir créé cette idée qui le dépasse. Donc la cause de cette idée doit être le parfait lui-même, c'est-à-dire Dieu (p. 64).

—**Deuxième preuve : le sujet se sent imparfait,** c'est-à-dire sent qu'il n'est pas lui-même ce parfait qu'il pense, c'est donc que Dieu existe hors de lui.

Ces preuves de Dieu par l'idée de parfait en l'homme sont extrêmement singulières. Sans doute marquent-elles une fidélité au doute (on ne sort pas du cogito) mais elles suscitent des questions. **Une objection,** en effet, vient immédiatement à l'esprit : la présence d'une idée ne prouve pas l'existence d'une réalité lui correspondant. Par exemple, je peux avoir l'idée d'un cheval ailé, ou d'un surhomme, êtres que je ne suis pas, mais je n'en conclus pas que ces êtres existent.

Descartes envisage, tacitement, cette objection et y répond. Cependant l'exposé de ses réponses crée plus de difficultés qu'il n'en résout.

— *pour la première preuve,* Descartes explique que l'idée de parfait ne peut venir d'un être imparfait parce qu'il y aurait là une « *répugnance* » (p. 64).

— *pour la deuxième preuve,* Descartes explique cette fois que toute perfection en moi « *participe* » (p. 64) de l'être parfait et me renvoie à lui comme à la cause de cette perfection.

On voit que ces explications sont peu probantes puisque ce sont finalement des notions confuses (« répugnance » et « participation » des idées) qui servent d'argument. N'est-il pas spécieux de tirer aussi bien Dieu de l'idée de parfait (première preuve) que de l'idée d'imparfait (deuxième preuve) ?

En fait, c'est la **troisième preuve** (p. 66) qui seule apporte une réponse claire à l'objection concernant le passage de l'idée de parfait à l'être parfait. **C'est la preuve ontologique** que Descartes reprend de la théologie traditionnelle : si je pense Dieu comme parfait, Il existe, car sinon il ne serait pas parfait ou encore : dans l'idée d'être parfait, l'existence est comprise, car exister est une perfection qui ne saurait manquer, par définition, à l'être parfait. **L'idée de Dieu** n'est donc pas comme l'idée de cheval ailé ou de surhomme, elle **est la seule idée qui permet de poser l'existence de son contenu.**

Kant, à nouveau, dénoncera ici un raisonnement abusif. La preuve ontologique, dit-il, montre seulement que si je pense Dieu comme un être existant nécessairement, j'en tire qu'il existe nécessairement, mais je ne prouve pas qu'un tel être existe hors de ma pensée[1].

Il y a encore ici *un embarras dans la pensée cartésienne* qui tient au fait que Descartes veut démontrer Dieu qui, par définition, échappe à la démonstration. Aussi doit-il **mettre l'idée de Dieu à part,** en faire non une pensée humaine mais une trace de Dieu en moi « comme la marque de l'ouvrier empreinte sur son ouvrage[2] ». L'idée de Dieu est donc comme le poinçon de Dieu sur moi, je la rencontre, je la constate, mais je ne puis l'expliquer entièrement. En rendant cette **idée innée,** Descartes semble imposer silence au problème de sa valeur démonstrative.

REMARQUES SUR CES PREUVES DE DIEU

Cependant, si au lecteur actuel Descartes paraît avoir bien plutôt retrouvé Dieu que l'avoir démontré, c'est que notre pensée utilise, sans le savoir, une donnée qui vient de ces preuves si discutables. Quelle donnée ? **La confiance dans l'entendement humain, dans les idées humaines.** En effet, la démarche cartésienne pour prouver Dieu est **radicalement nouvelle à son époque parce qu'elle se situe entièrement sur le plan de l'entendement humain.**

De façon traditionnelle, les preuves de Dieu empruntaient leur certitude soit aux choses sensibles : on disait « si les choses existent, leur cause existe aussi » ; soit à Dieu lui-même : l'absolu est à l'origine de toutes choses. Mais Descartes, lui, passe par l'idée de Dieu qui est prise comme

1. Voir plus longuement : Kant, *Critique de la raison pure*, « De l'impossibilité d'une preuve ontologique de l'existence de Dieu », Éd. P. U. F., 1965, p. 425 à 431.
2. *Troisième Méditation* (p. 215).

vérité, parce qu'elle est claire et distincte à **notre** entendement. Ce n'est pas une simple différence de présentation, c'est aussi et encore la mise en œuvre de l'**autonomie de l'esprit qui « prouve » Dieu de lui-même et ne se contente pas de le « voir » ou de le « recevoir ».** Et justement, ce qui provoque notre critique envers Descartes, c'est qu'il en vient à soumettre cet esprit autonome.

LE RÔLE DE DIEU

Car tel va être le rôle de Dieu : il est le garant de l'existence et de la vérité, il devient donc supérieur au sujet qui fut la première existence et la première vérité.

Garant de l'existence, Dieu l'est comme créateur : toutes les réalités imparfaites, comme moi-même, dépendent de Lui, « participent » de Lui. Et même plus, il les soutient à tout instant dans l'être (p. 65) : sa création est continuée, corps et âmes n'ont de puissance que par Lui. On voit ici que Descartes renonce à toutes les expériences qui peuvent faire découvrir des existences : par les sens, je n'atteins qu'une probabilité. Les choses me semblent exister mais seul Dieu fournit une certitude métaphysique, absolue, de leur réalité (p. 67).

Pour le moment, c'est avant tout comme **garant de vérité** que **Dieu** va apparaître (encore que les deux rôles soient liés évidemment). En effet, c'est seulement parce qu'il existe que l'esprit humain est capable de vérité. Tant que le cogito est seul, il ne peut conclure de ses idées aux choses, le doute subsiste que ses idées ne soient que des simples songes (p. 67). Au contraire, avec Dieu le passage est assuré de l'esprit au monde : les idées claires et distinctes nous font connaître l'essence des choses et Dieu fait que ces choses ont aussi l'existence. Les deux ordres de sa création correspondent : mes idées renvoient à des réalités, **je peux dire que ce que je pense existe** (revoir plus haut p. 25). Telle est **la véracité divine :** Dieu est bon, il ne nous trompe pas. La tromperie serait une imperfection, il est donc impossible que Dieu soit le Malin Génie. Dieu retrouvé par la raison est bien cet être « infini, éternel, immuable, tout connaissant et tout puissant » (p. 64) que la foi révèle et que la raison retrouve.

LA FIN DU DOUTE

« **Un athée ne peut être géomètre** », a dit Descartes, en un résumé très clair de sa conception du savoir. Pour connaître, l'homme a besoin de Dieu qui lui assure que le monde existe et que sa pensée peut l'atteindre. C'est en Dieu que s'enracine l'arbre du savoir (revoir plus haut p. 42), toutes les connaissances ne pourront se constituer et se déployer qu'en ayant leurs assises et leurs principes dans la métaphysique. C'est le prix de la certitude : **le savant doit être croyant,** sinon il devrait se contenter de dire toujours « il **me** semble que... », « **je** crois que... ».

L'existence de Dieu et de son idée permet de séparer radicalement l'entendement, faculté qui forme les idées claires et distinctes, des sens et de l'imagination (p. 66). Les sens ne peuvent nous donner de certitude et l'imagination ne le peut non plus car elle est, selon Descartes, une faculté corporelle. Seule vaut l'évidence de notre raison (p. 69).

Mais alors **faut-il conclure que les choses et le corps humain qui sont atteints par les sens et l'imagination ne peuvent être prouvés?** Le doute doit-il définitivement peser sur ces réalités ? **Non, mais il faut un détour pour les garantir, détour par Dieu :** je ne puis dire directement « je vois cette chose, donc elle existe », il me faut raisonner : « je vois cette chose, mon idée vient de Dieu qui est vérace et lui donne quelque fondement de vérité, donc cette chose existe. » Voilà l'**étonnant itinéraire** qu'il faut suivre pour fonder les choses sensibles que tous, y compris les philosophes (p. 68), croient naïvement facilement accessibles. Et **sans ce détour, la science ne peut commencer**[1].

Cependant, immédiatement ensuite, surgit la question exactement inverse de celle qui se posait au départ : au lieu de chercher comment la vérité peut être, il faut, en effet, maintenant expliquer comment la fausseté peut advenir. Si Dieu, tout parfait et véritable, garantit toutes nos idées, même sensibles et imaginatives, l'erreur semble impossible. Bien

---

1. Revoir ce point p. 25.

entendu, cette conclusion est abusive pour une pensée qui, précisément, est partie du constat des erreurs humaines. Bien entendu aussi, **Dieu ne saurait être cause de l'erreur.** Reste donc à l'imputer à l'homme : c'est lui qui se trompe parce qu'il est imparfait, parce qu'il manque de perfection (p. 68).

Mais que devient l'argument du rêve, de l'illusion que Descartes avait invoqué à la fin du doute : comment répondre à l'hypothèse que toutes nos pensées soient des songes (p. 62) ? Descartes se débarrasse de cette hypothèse en disant que Dieu me permettant de faire confiance à mes idées, je sais bien quand je rêve ou quand je suis éveillé.

BILAN

Le doute est donc ruiné, il n'en subsiste que les nécessaires précautions exprimées par la méthode qui désormais est assurée de parvenir à la vérité. **Dieu est nécessaire à la science et pourtant sitôt prouvé il permet à la pensée humaine de s'élancer seule.** Pascal aperçoit cela et écrit : « Je ne puis pardonner à Descartes ; il aurait bien voulu, dans toute sa philosophie, pouvoir se passer de Dieu ; mais il n'a pu s'empêcher de lui faire donner une chiquenaude, pour mettre le monde en mouvement ; après cela il n'a plus su que faire de Dieu[1] ».

Selon les deux axes que nous avons adoptés nous pouvons dire :

— que le respect et **la prudence** se réduisent à rien dans cette quatrième partie, puisqu'au contraire

— **la pensée autonome** vient empiéter sur le domaine religieux en voulant démontrer ce qui devrait être admis, à savoir l'existence de Dieu. Outre cela, ce qui est affirmé, c'est la possibilité pour l'homme d'atteindre la vérité absolue. Et dans l'ordre des connaissances, un premier contenu est acquis, c'est la définition de l'homme comme substance pensante.

1. Pascal, *Pensées* (op. cité).

AMBITION ET PRUDENCE DE DESCARTES

Alors qu'il s'était effacé derrière le sujet impersonnel, Descartes, dans **les deux dernières parties** du *Discours*, parle à nouveau de lui et s'emploie longuement à expliquer son état d'esprit. C'est qu'il est très embarrassé : dès le départ, il annonce que **deux désirs contradictoires** l'habitent (p. 71) : **l'envie de continuer à bâtir son système et l'envie d'éviter des ennuis avec les autorités.** Le penseur est ambitieux, sûr de lui et de ses travaux, l'homme est prudent, soumis même. Et Descartes va jusqu'à envisager (p. 71, 89, 101) de taire complètement les prolongements de ses principes dans les domaines de la physique et de la médecine. Sans doute, il parle de se taire alors même qu'il écrit et qu'il révèle sa conception de la nature et du corps humain. Mais il est contraint de multiplier les allusions, les suppositions, les restrictions. À ce jeu Descartes est fort habile, sa situation de savant brimé et menacé, il ne l'écrit pas dans le registre tragique ou épique, non, il joue cela modestement voire mesquinement. Il plie obséquieusement devant les autorités religieuses (p. 89), il refuse le combat, il accumule les précautions et les réserves. Quel chef-d'œuvre de rhétorique cauteleuse et louvoyante dans ces pages (par exemple, p. 89) !

Mais, comme toujours, Descartes ne se limite pas à une seule image. Cette exaspérante prudence est accompagnée aussi d'une souriante ironie (p. 73) et même d'un cinglant mépris (p. 99) pour les faux savants de son époque, les « doctes » et leurs mesquineries. Orgueilleusement, Descartes annonce que ses travaux sont importants (p. 72, 104) et radicalement nouveaux (p. 90, 91, 99). Le voici alors, superbement dédaigneux du présent, qui en appelle au jugement de l'avenir, de nous **ses «neveux»** (p. 95, 98). Ce dédain étonnant qui est, certes, dans le texte, nous ne pouvons pas non plus le considérer seul : c'est ensemble que sont mêlées, enchevêtrées même, la soumission et l'audace. Et Descartes sait manier les dérobades et les bravades : quand il parle de dévoiler ses thèses, c'est en disant qu'il les cache (p. 72), et quand il parle de les cacher, c'est en espérant qu'on les trouve (p. 101). L'écheveau s'embrouille et pourtant on peut y retrouver quelque chose comme le «droit fil» d'une pensée qui reste fidèle tant à ses principes qu'à ses préjugés.

DE DIEU AUX CHOSES

Ayant démontré l'existence de Dieu et de l'âme, Descartes possède désormais tout ce qu'il lui faut pour connaître la nature. En effet, selon la hiérarchie qui est apparue lors de la découverte de Dieu, la substance corporelle, qui constitue les choses matérielles, n'est pas supérieure à l'âme, substance spirituelle : l'âme est donc apte à penser la matière parce qu'elles se trouvent toutes deux dans la dépendance de Dieu (p. 63).

Cette hiérarchie, déjà acquise, demeure sous-entendue au seuil de la physique cartésienne. Et pourtant c'est elle qui fonde l'ordre qui s'instaure dans la connaissance et qui propose de connaître la nature, par déduction à partir des «semences de vérités qui sont naturellement en nos âmes» (p. 92). Autrement dit, **nous avons en nous de façon innée au moins les germes de la connaissance de la nature.** C'est une confirmation de l'**innéisme** cartésien : **dans l'idée innée de Dieu que nous possédons, il y a aussi des vérités sur le monde.** Descartes dit ainsi qu'on peut connaître la nature et ses lois en considérant seulement «les perfections infinies de Dieu» (p. 73). Par exemple, la toute-puissance de Dieu a permis de dire qu'Il a créé le monde (p. 65) ; son immutabilité permet de poser qu'Il lui a donné des lois constantes et sa bonté permet d'affirmer que ces lois sont imprimées en nos âmes (p. 71). Descartes ne donne même pas le détail de ces raisonnements, il les prend pour acquis : non seulement la véracité divine garantit globalement nos idées (p. 69), mais encore elle leur donne un contenu. Alors, c'est que Dieu est vraiment tout, qu'Il est la cause et aussi le modèle de la nature ? On ne peut pas tirer cette conclusion car **Descartes, qui affirme ainsi que la nature se connaît par Dieu et en Dieu, écrit aussi qu'elle peut se connaître sans Dieu.** Car Dieu laisse la nature agir selon les lois qu'Il a établies (p. 73) et l'homme peut par sa seule raison retrouver ces lois et même donner une genèse intelligible du monde (p. 73).

À nouveau donc ce sont **les deux pôles de la pensée cartésienne** (soumission et indépendance de l'esprit humain) qui se retrouvent ici. Descartes les associe et les unit parce que, en termes de son époque, **il pense pouvoir concilier foi et raison** : certes la foi révèle des vérités et demande d'y croire tandis que la raison veut connaître, mais puisqu'il s'agit des mêmes vérités, du même Dieu, du même monde, dit Descartes, foi et raison ne sauraient se contredire. Ce sera le thème de la préface aux *Méditations* (p. 147 sqq.).

LA NATURE A PORTÉE DE L'HOMME

Donc, Dieu et l'âme étant posés, il suffit de poser aussi que Dieu prête à la nature son « concours ordinaire » (p. 73), c'est-à-dire qu'Il assure la permanence des lois, pour entreprendre de connaître cette nature. Que de nouveautés dans cette perspective, dans cette conception du monde et de la physique !

Descartes conçoit la nature comme une masse de matière mise en ordre par l'action des lois mathématiques et mécaniques que Dieu a voulues. Elle ne lui apparaît plus comme une déesse douée de qualités et de forces mystérieuses : **elle est entièrement connaissable.** Elle peut être dominée par l'homme qui se propose d'en devenir « comme maître et possesseur » (p. 91). L'homme est capable de retrouver intellectuellement toutes les relations qui existent dans l'univers et d'en proposer une reconstruction logique (p. 75).

La connaissance n'est pas contemplative mais active. Descartes prend conscience que voir une chose ce n'est pas la comprendre. Les choses que nous voyons sont multiples et complexes, mais l'esprit ne peut les comprendre qu'en parvenant à les analyser, à les ordonner. Et l'ordre des idées, le raisonnement, n'est pas l'ordre des choses : l'homme explique les choses en les reconstruisant intellectuellement à partir d'éléments simples alors qu'il ne les rencontre jamais dans les faits que déjà composées et qu'il ignore tout du processus de création par Dieu (p. 75). **Il importe non de contempler le monde, mais de le maîtriser et de l'utiliser.**

Au total, Descartes **sépare la science de la théologie** : la science ne vise ni à la glorification de Dieu ni à la justification de la Bible. Sans doute la métaphysique précède la physique mais justement, étant supérieure, elle n'y intervient pas. Le résultat de la théologie cartésienne a été de garantir la validité des idées humaines (revoir p. 57). Ses contemporains (par exemple, Gassendi ou Arnauld) lui reprocheront cette ambition qui fait de l'esprit humain la mesure de la vérité. On le présentera comme un nouveau Protagoras, ce sophiste grec, raillé par Platon, qui faisait de « l'homme la mesure de toutes choses ». Mais Descartes pense échapper à ce reproche de relativisme puisqu'il ne parle pas des opinions individuelles mais des idées de la raison et que la raison est universelle et immuable.

INDUCTION ET DÉDUCTION

Il est certain que, dans le *Discours,* **nous ne découvrons pas grand-chose de la physique cartésienne** puisque, par prudence, Descartes se contente de donner une sorte de table des matières du traité (intitulé *Le Monde*) qu'il n'a pas publié (p. 72). Cela constitue un sommaire qui semble vague et imprécis, dont quelques notions seulement sont expliquées tandis qu'un seul chapitre est vraiment présenté — le mouvement du sang. Pourtant cette physique allusive et incomplète est intéressante dans sa forme et dans son contenu.

Dans sa forme, oui, car malgré les multiples incidentes et les nombreux sous-entendus, **on peut y voir fonctionner la méthode cartésienne** :

— Descartes fait des « **suppositions** » : il suppose un autre monde (p. 73) et un autre homme (p. 76) seulement semblables au monde et à l'homme réels. Sans doute peut-on expliquer ce fait par une ironique prudence : laissons ce qui existe aux disputes des doctes, écrit-il (p. 73) ! Mais, théoriquement, cette présentation a un sens méthodique qui apparaît plus loin (p. 104). **Les suppositions ne sont pas des idées gratuites mais des** *hypothèses* **permettant de comprendre des faits :** le savant émet une hypothèse pour expliquer certains faits et il cherche à la confirmer par sa capacité à expliquer ces faits et d'autres qui en dépendent. Descartes donne ici un schéma qui correspond à ce que Claude Bernard[1] nommera « **la méthode expérimentale** », procédé de pensée des sciences physiques qui va de l'*observation* de faits à une *hypothèse* explicative, laquelle doit être *vérifiée* expérimentalement. C'est ce que dit aussi Descartes : les phénomènes sont expliqués par des causes et ces causes sont confirmées par des expériences. On a ici le processus de l'*induction* **qui tire une loi de quelques expériences bien choisies.**

— Mais ce mouvement, qui part des faits, paraît contredire l'innéisme cartésien et sa présentation de la physique comme déduite de Dieu. En effet, si les hypothèses sur le monde sont des idées formulées pour expliquer des phénomènes qu'on observe, on ne peut plus dire que ces idées viennent des vérités innées que Dieu a mises en nous. C'est la situation de l'expérience qui fait problème : est-elle nécessaire pour guider la recherche scientifique ou sert-elle seulement à illustrer la déduction ? A dire vrai Descartes accorde ces deux statuts à l'expérience, car il expose (p. 93) **une méthode complète alliant déduction (de Dieu au monde) et induction (des choses à leurs causes).**

Il faut, dit-il, d'une part, tirer de Dieu les connaissances les plus générales (par exemple, que la terre existe, qu'elle a des lois permanentes...) et, d'autre part, donner aux phénomènes particuliers des explications précises (ce que Descartes fera pour le mouvement du sang). Donc déduction et induction se relaient : **la déduction fournit les principes généraux et l'induction permet de trouver des lois particulières.**

1. Claude Bernard, *Introduction à l'étude de la médecine expérimentale*, 1865.

LES LOIS DE LA NATURE

Descartes lui-même fut un expérimentateur : dans le *Discours* (p. 77), il raconte qu'il découpe et examine un cœur de « quelque grand animal », il en appelle aux expériences que d'autres pourraient faire (p. 92, 94). Mais jamais ses expériences ne sont réalisées avec des mesures et des calculs, elles restent seulement descriptives. Des expériences de ce type ne peuvent conduire qu'à des théories elles aussi descriptives, c'est-à-dire à des lois non mathématisées. **Jamais,** en effet, **Descartes n'exprime les lois de sa physique en données numériques, en équations, permettant des calculs et des prévisions.** C'est tout à fait étonnant puisque les physiciens de son époque (Kepler, Galilée) font ce travail de formulation mathématique des relations physiques. Et parmi ces savants c'est Descartes qui semblait devoir être conduit inévitablement à une mathématisation de l'univers : il est constamment soucieux de rigueur et d'unité dans les principes, il prend les mathématiques comme modèle de méthode, et surtout **il a inventé la géométrie analytique c'est-à-dire la traduction des figures et des courbes en équations.** Pourtant sa physique ne donne que des explications globales des phénomènes. Dans le *Discours* notamment, on remarque combien restent vagues les lois que Descartes invoque. Ce sont, par exemple, la propagation « en un instant » (p. 74) de la lumière ou le fait que la lune « doit causer » (p. 74) les marées, mais ces théories ne s'accompagnent d'aucune formule mathématique.

JUGEMENT CRITIQUE
SUR LA PHYSIQUE CARTÉSIENNE

On peut s'étonner de ce contraste entre la volonté d'unité et de rigueur qui anime Descartes et sa mise au point d'une physique descriptive et vague. Cependant ce contraste s'explique par le fait que Descartes veut rendre compte de tout ce qui arrive dans la nature par **un seul principe.**

En effet, **l'univers physique,** selon Descartes, **est entiè-**

rement et uniquement composé de matière. Cette matière est absolument inerte par elle-même. C'est Dieu qui lui a imprimé un mouvement à l'origine et cette quantité de mouvement demeure identique à travers le temps. Le monde est le résultat de ce mouvement qui anime la matière en y provoquant des réactions en chaîne.

La seule cause des phénomènes est *le choc* **qui transmet le mouvement de corps en corps :** un corps heurté par un autre en pousse un troisième et ainsi de suite indéfiniment. Mais c'est alors que l'univers devient prodigieusement compliqué puisque les chocs se répercutent les uns sur les autres. L'esprit humain ne peut parvenir à élucider ces liaisons multiples qui font que, **de proche en proche, un phénomène renvoie finalement à l'ensemble de la nature.** Aussi Descartes renonce-t-il aux expériences mesurées et aux formules mathématiques qui ne sont pas adéquates à un tel univers.

La mathématisation de la physique réclame un petit nombre de causes (pesanteur, gravitation) agissant de façon toujours identique. Descartes, lui, ne considère qu'une seule cause (le choc) ayant des répercussions infinies. C'est pourquoi les conceptions physiques de Descartes ne sont plus du tout prises en compte par les physiciens contemporains. Descartes fut, dans le domaine physique, dépassé par les thèses de Newton (revoir introduction) qui sont elles-mêmes aujourd'hui relativisées et considérées comme un cas particulier de la physique d'Einstein. Mais il faut dire qu'au contraire, **l'œuvre mathématique de Descartes a représenté une étape très importante de l'histoire des mathématiques.** En proposant (notamment dans le traité *Géométrie* qui suivait le *Discours*) une traduction algébrique des relations géométriques, il a mis au point la géométrie analytique toujours actuelle et utilisée en particulier par les physiciens.

LE MÉCANISME CARTÉSIEN

Cette absence de lois formulées avec précision n'apparaît pas à Descartes comme un défaut, au contraire. Dans certaines lettres il considère avec dédain les savants qui trouvent « les raisons de quelques effets particuliers » et se flatte de viser à plus de généralité. **Il ne veut pas expliquer la nature dans ses détails mais en donner une interprétation globale et unifiée.** Et tel est le résultat obtenu par la définition de la matière comme réalité inerte.

En général, **la matière** sans force interne ni qualité propre **se comprend entièrement en termes d'espace et de mouvement.** La nature est une combinaison de corps dont les mouvements s'enchaînent, elle est une gigantesque et merveilleuse machine construite par Dieu. « Je ne reconnaîs aucune différence entre les machines que font les artisans et les divers corps que la nature compose... », écrit Descartes[1], en précisant seulement que les rouages des machines artisanales sont visibles tandis que ceux des corps naturels sont invisibles. La physique se défait de l'animisme qui voyait en la nature une force vivante, elle se défait de l'anthropomorphisme qui lui prêtait des intentions, elle entre dans l'ère du *mécanisme*, étude seulement quantitative des positions et des mouvements des corps.

Que signifie le mécanisme cartésien ? **La matière,** avec ses tourbillons de corps qui se heurtent les uns les autres et ses mécanismes, **se suffit à elle-même et se comprend d'elle-même.** On peut donc parler d'un matérialisme de Descartes et même d'un matérialisme brutal qui entreprend de mécaniser tous les phénomènes naturels. Cependant, comme le fait remarquer G. Canguilhem[2], « mécanisme n'est pas moteur », c'est-à-dire qu'**il faut que cette matière soit d'abord mise en mouvement, « remontée »** en quelque sorte, pour garder le vocabulaire adapté aux automates. Et **c'est Dieu qui met dans la matière ce mouvement.** Donc **le matérialisme cartésien ne peut se séparer d'une métaphysique idéa-**

1. Descartes, *Principes de la philosophie*, IV, p. 203, Vrin.
2. G. Canguilhem, *La connaissance de la vie*, Vrin, 1971 (chapitre « Machine et organisme »).

liste qui soumet la matière à la volonté divine. Descartes n'a pu ôter toute finalité à la matière qu'en la rassemblant en Dieu : la matière ne poursuit aucun but car c'est Dieu qui la dirige. Une nouvelle fois, Descartes ne se libère de la théologie qu'en se soumettant en même temps à Dieu.

LES ANIMAUX-MACHINES

La conception mécaniste de la nature amène Descartes à faire de tous les corps, sans distinction, des machines. Les animaux et les corps humains sont des machines.

Les animaux, selon Descartes, **sont des automates mis au point par Dieu.** De merveilleux automates puisque leur créateur est infiniment habile et puissant, mais des automates quand même. Ils fonctionnent, comme toute la nature, en transformant le mouvement que Dieu a mis en eux et qui leur permet de subsister pendant un certain temps avant leur mort, qui n'est que leur arrêt, comme celui d'un automate qui n'est plus remonté. Mais les animaux sont capables de sentiments et de souffrances, comment l'expliquer ? Descartes ne voit ici aucune objection à son système : les passions — plaisir ou douleur — sont aussi des mécanismes corporels. Les jappements de joie ou de douleur d'un chien sont des phénomènes de type réflexe (comme le cri que pousse un homme qui se brûle). Ils n'indiquent pas du tout, pour Descartes, la présence d'une pensée. Donc **les animaux sont contents ou souffrent mais sans avoir conscience de ces affections,** ils les ressentent mais ils ne savent pas qu'ils les ressentent. La preuve, selon Descartes, qu'il en est ainsi, c'est qu'ils ne parlent pas, qu'ils ne peuvent nommer leurs sentiments. Le langage est précisément ce qui distingue hommes et animaux (voir § suivant).

Mais **les hommes aussi sont des machines, du moins les corps humains considérés sans l'âme.** Ainsi, Descartes explique le mouvement du sang « selon les règles des mécaniques qui sont les mêmes que celles de la nature » (p. 84). Le seul chapitre développé par Descartes concerne ce mouvement du sang (p. 76 à 84). Le sang circule parce que, selon Descartes, le cœur est un foyer qui l'échauffe constamment, ce qui lui permet de couler. Mais surtout la chaleur du sang permet aussi l'apparition « **d'esprits animaux** », c'est-à-dire de petites particules très légères et mobiles qui montent vers le cerveau puis parcourent les nerfs et font agir les muscles. Or les mouvements de ces esprits animaux suffisent, selon Descartes (p. 84), à expliquer non seulement les sensations mais aussi les émotions, les sentiments, l'imagination et la mémoire.

Autrement dit, **les fonctions biologiques et même certaines activités psychologiques relèvent du corps seul et donc s'expliquent mécaniquement.** C'est ce que Descartes appelle (p. 79) des « démonstrations mathématiques », des explications qui ne considèrent que la disposition des organes et le mouvement des éléments.

LES BÊTES ET LES HOMMES

Si Descartes mécanise ainsi la matière et les corps, c'est pour mieux leur opposer l'esprit et les âmes. L'unité de la matière est inséparable de **la distinction radicale entre la matière et l'esprit, entre le corps et l'âme.** C'est le *dualisme* qui se **confirme et se précise ici.** Descartes avait montré que la pensée était indépendante du corps (p. 62), il montre que le corps est indépendant de l'âme. **L'âme seule pense et le corps assume seul les fonctions vitales.** La séparation est complète entre leurs essences, c'est-à-dire entre la pensée et l'étendue (revoir schéma p. 51). Tous deux gagnent en pureté à cette distinction : on peut éliminer cette « âme végétante ou sensitive » (p. 76) dont parlait Aristote, âme chargée d'activités corporelles qui mêlait confusément le spirituel et le vital.

Mais la distinction du corps et de l'âme n'est qu'un cas particulier d'**une grande division hiérarchique de la nature, à savoir la séparation entre les êtres qui ne sont que des corps-machines et ceux qui ont une âme.** Descartes n'a pas séparé le physique du vital, mais il va **radicalement distinguer le mécanique** (physique et vital) **du spirituel** dont il fait les deux ordres de la nature. Leurs différences apparaissent avec la plus grande netteté même quand on confronte le degré supérieur de l'ordre mécanique, à savoir les animaux, et le degré inférieur de l'ordre spirituel, à savoir les hommes. L'homme est, en effet, le plus modeste des êtres dotés de l'esprit puisque par son corps il relève du mécanisme. Cependant, **entre les animaux et les hommes Descartes voit un abîme,** une différence de nature qui tient à la présence de l'esprit.

Cette différence fondamentale entre les bêtes et les hommes est contenue dans le **langage.** En effet, le langage démontre la présence et la spécificité de l'esprit, selon Descartes. Le langage n'est pas dû au seul fonctionnement de certains organes. Il n'est pas dû non plus à des excitations externes qui provoquent seulement des mouvements naturels (cris, émotions). Le langage n'est donc pas causé par des mécanismes et **même un automate parleur ne peut réaliser ce qui fait le langage, à savoir une expression libre et illimitée.** Le plus stupide des hommes peut «arranger ensemble diverses paroles, et en composer un discours» (p. 86). Il y a là une capacité d'initiative et d'innovation que ne peut expliquer le «principe mécanique» et qui fait donc invoquer «un principe spirituel». **La raison seule, «instrument universel», est capable de cette création illimitée de paroles.** Or, comme le remarque N. Chomsky[1], aujourd'hui encore nous définissons le comportement intelligent par ces deux critères, invention et ouverture.

Pourtant, si Descartes fait du langage la preuve de la pensée, s'il souligne donc leur étroite relation, il faut noter que **la pensée reste pour lui supérieure, antérieure et extérieure au langage.** Le langage est un instrument de la pensée, il lui est soumis et inférieur : je parle seulement si d'abord j'ai pensé à dire quelque chose. La psychologie et la linguistique modernes, au contraire, soulignent que pensée et langage se constituent ensemble et qu'il n'y a pas de pensée hors des mots[2].

1. N. Chomsky, *La linguistique cartésienne,* Éd. du Seuil, 1969.
2. Sur ce point, voir, par exemple, M. Merleau-Ponty, *Phénoménologie de la perception,* Éd. Gallimard, 1967.

« LE VRAI HOMME »

Le corps humain sans âme est une machine ; l'âme, elle, est le principe créateur de la pensée et du langage. On aperçoit ici qu'**il serait conforme aux conceptions de Descartes que l'âme et le corps soient dans la relation du pilote et de son navire** (p. 88). En effet, l'âme est bien ce qui dirige et manœuvre le corps : elle est différente de lui et lui est supérieure. Cette relation entre deux réalités différentes en nature et hiérarchiquement situées « suffirait », si l'on considérait seulement les essences, puisque la substance spirituelle et la substance corporelle sont, chez Descartes, exactement dans ce rapport.

Cependant, on peut remarquer qu'entre le pilote et le navire le contact et les médiations sont connus (on sait ce que fait le pilote et comment il agit), ce qui n'est pas le cas entre l'âme et le corps. Et Descartes s'efforcera souvent de justifier cette image en cherchant un lieu de contact et de passage entre ces deux réalités, l'âme qui décide et le corps qui exécute : il le situe dans « **la glande pinéale** » (c'est-à-dire l'hypophyse), qu'il définit comme le siège de l'âme et du « sens commun » où se synthétisent les impressions sensibles. Cette hypothèse d'un contact physique de l'âme et du corps est très obscure et peu satisfaisante : elle prouve que l'image de l'âme-pilote n'est pas conforme à ce que sont les relations entre l'esprit et le corps dans l'homme.

Mais ce n'est pas pour cela que Descartes estime qu'**il ne suffit pas que l'âme soit conçue comme le pilote du corps.** Il maintient cette relation mais « outre cela[1] » il considère qu'il faut aussi admettre une union étroite et intime de l'âme et du corps. C'est la présence en nous d'« appétits et de sentiments » (p. 88) qui l'amène à cette seconde thèse, parce que ce sont des états qui mêlent le corporel et le spirituel. Pour expliquer un tel mélange, Descartes pose alors qu'existe **une troisième substance, unissant paradoxalement les deux premières substances radicalement distinctes.** Le « vrai homme » unit l'âme et le corps alors que leurs natures s'excluent.

---

1. Cf. *Méditation* VI (p. 254).

Il est très important de voir Descartes donner cette définition de l'homme. En effet, l'union de l'âme et du corps n'est jamais attestée que par l'expérience, par le vécu[1], c'est-à-dire, dans l'optique cartésienne, par des idées obscures et confuses. Au contraire, la pensée claire et distincte parvient à la thèse de leur séparation et permet même d'en tirer l'hypothèse de l'immortalité de l'âme (p. 88). La « vérité » de l'homme est donc constatée comme un fait existant, certes, mais mystérieux (seul Dieu a pu unir ainsi deux réalités distinctes). On ne peut nier ici **un certain échec du rationalisme cartésien qui ne parvient pas à rendre compte de l'existence** et sacrifie l'explication des faits à la clarté des idées.

DESCARTES VEUT SE CONSACRER A LA MÉDECINE

Et pourtant, encore une fois, il nous faut constater que Descartes soutient un point de vue qu'il semblait exclure, puisque c'est **à ce vrai homme, « impensable » dans le cadre de sa pensée dualiste, qu'il annonce vouloir se consacrer.** Il déclare (p. 91) maintenant que « l'esprit dépend si fort du tempérament et de la disposition des organes du corps » qu'il veut désormais se consacrer à **la médecine** car, dit-il, elle permet sûrement de rendre les hommes plus habiles et plus sages. Descartes reconnaît donc qu'**à côté du pouvoir hiérarchique de l'âme sur le corps, existe aussi une action concrète du corps sur l'esprit.** Dans l'arbre du savoir (cf. p. 42), la médecine est l'une des branches issues du tronc de la physique avec la mécanique et la morale. Elle dépend de la physique qui lui fournit la connaissance des principes de tous les phénomènes ; en cela Descartes maintient sa théorie mécaniste de la nature. Mais en la distinguant de la simple physique, Descartes **reconnaît bien une spécificité**

1. Cf. *Méditation* VI (p. 254).

aux humains, laquelle est justement que les mécanismes corporels ont, pour les hommes, des conséquences spirituelles. Quand Descartes écrit que « la conservation de la santé... est sans doute le premier bien et le fondement de tous les autres biens de cette vie » (p. 91), il accorde à la médecine un privilège qui tient à ce que l'homme ne peut vivre sans corps. C'est une évidence sans doute mais elle avait disparu dans l'examen rationnel des substances, puisque Descartes écrivait : « encore que [le corps] ne fût point, [l'âme] ne laisserait d'être tout ce qu'elle est » (p. 63).

Fidèle à lui-même, Descartes a constitué une physique de raison, une physique rationnelle. Il annonce aussi **une médecine rationnelle,** qui dans ses ouvrages ultérieurs (notamment le *Traité des passions*) visera surtout à donner à l'homme la maîtrise de son corps comme la physique lui donne celle de la nature. Quant à la morale, elle confirme ici sa disparition : il n'en est fait aucune mention. Mais il n'est pas abusif de dire que **dans le cartésianisme une partie des problèmes moraux se trouvent précisément résolus par une meilleure connaissance des mécanismes corporels,** par une meilleure connaissance et maîtrise du corps et de ses actions.

BILAN

Si nous examinons les deux dernières parties du *Discours* selon les deux perspectives qui ont été les nôtres, nous constatons :
— un retour certain de **la prudence :** refus de donner une physique complète (p. 71 et p. 92), allégeance à l'Église (p. 89);
— cependant **la pensée autonome** confirme son indépendance (p. 86), sa méthode (p. 100) et son pouvoir sur toute la nature (p. 73, 91 et 102). Comme dans la quatrième partie du *Discours*, elle entreprend même de repenser les vérités de la foi : la création divine (p. 71) et l'immortalité de l'âme (p. 88).

Conclusion

Manifeste révolutionnaire et ambitieux, le *Discours de la méthode* laisse aussi le souvenir d'une pensée conservatrice et soumise. Mais c'est **dans et par ses contradictions que la pensée cartésienne est vivante et féconde.** Elle a pu ainsi guider les réflexions de « descendants » de Descartes nombreux et différents.

L'HÉRITAGE CARTÉSIEN

Descendance scientifique d'abord. C'est à Descartes que Marx et Engels rattachent « le matérialisme scientifique français » car, disent-ils, celui qui combattit les matérialistes de son époque eut cependant des « disciples… antimétaphysiciens de profession[1] ». Cela s'explique par le fait qu'« il avait complètement séparé sa physique et sa métaphysique. Dans sa physique, la matière est la seule substance, le fondement unique de l'être et du connaître[1] ». En effet, Descartes, ayant réuni toute la finalité de la nature en Dieu, laissait celle-ci livrée aux mouvements de la seule matière et tout entière accessible à la raison : **ses disciples éliminèrent simplement l'hypothèse de Dieu...** Et Canguilhem montre, en particulier, l'origine cartésienne des conceptions mécanistes de la vie[2]. En voyant dans les corps de simples machines, Descartes pose, en effet, que la vie n'a rien de différent des mouvements physiques et chimiques qui existent dans la matière inerte. Il est donc à l'origine du mouvement de pensée, chez les biologistes actuels, qui estime que l'homme pourra un jour, mécaniquement, produire la vie.

Descendance philosophique surtout qui se prolonge jusqu'au XXe siècle encore. Alain continue de voir en Descartes « un maître de liberté[3] » tandis que Sartre affirme en quelque sorte son éternité : « Il ne peut y avoir de vérité autre, au point de départ, que celle-ci : je pense donc je suis, c'est là la vérité absolue de la conscience s'atteignant elle-même[4] ».

1. Marx et Engels, *La sainte famille* (1845), Éd. sociales.
2. Canguilhem, *Connaissance de la vie* (1971), Éd. Vrin.
3. Alain, *Histoire de mes pensées,* Éd. Gallimard.
4. J.-P. Sartre, *L'existentialisme est un humanisme,* Éd. Nagel.

L'ANTICARTÉSIANISME

Cependant, en prenant pour centre le SUJET, **Descartes ignore complètement la dimension historique et sociale des hommes.** La pensée contemporaine souligne ce manque. Camus oppose au « je suis » le « nous sommes » et Lévi-Strauss souligne que « Descartes croit passer directement de l'intériorité d'un homme à l'extériorité du monde, sans voir qu'entre ces deux extrêmes se placent des sociétés, des civilisations, c'est-à-dire des mondes d'hommes[1] ». Descartes ignore complètement ce qui est apporté à l'homme par l'histoire et la société. S'il en parle éventuellement c'est pour y voir des éléments négatifs, gênant la recherche de la vérité (cf. *Discours*, IIIᵉ partie). En cela Descartes reste tributaire d'une pensée héritée de la tradition grecque, d'une pensée qui veut atteindre l'absolu, l'éternel, ce qui ne change pas (les vérités que Dieu a voulues et qui sont immuables comme lui). Cette pensée est incapable de rendre compte du temps, par ses changements et ses modifications le temps est, pour elle, source d'erreurs : il est à rejeter du domaine de la vérité.

C'est pourquoi, plus globalement, Descartes est atteint par une critique générale qui vise à montrer **les limites du rationalisme classique dont il est une figure remarquable.** Est dénoncé le fait que la raison soit conçue comme **la RAISON immuable et universelle, ignorant le temps et l'histoire,** que ses principes soient posés comme absolus et éternels. Est dénoncée aussi la confiance entière faite à cette Raison pour combattre l'erreur et l'illusion et atteindre la vérité absolue, alors que l'analyse de la connaissance et la psychologie ont enseigné depuis que c'est par ses erreurs que la raison se constitue et qu'elle ne saurait maîtriser ses propres illusions.

---

1. Cl. Lévi-Strauss, *Courrier de l'Unesco*, mars 1963, dans « J.-J. Rousseau fondateur des sciences de l'homme ».

DESCARTES POUR NOUS

Alors ? Que dire aujourd'hui de Descartes, cet homme sous la bannière duquel les Français se rangent si volontiers (ne sommes-nous pas un peuple cartésien, comme le veut l'opinion commune) ?

Ni un génie sans tache ni un petit esprit bien dépassé, un homme tout simplement (« j'ai à me souvenir que je suis homme » écrit-il quelque part) et, pour tout dire, un homme un peu plus grand que les autres. Un homme de la raison, c'est vrai, avec le danger de limite que peut comporter le raisonnable (M. Aymé écrit, par exemple, « solides, pondérés, cartésiens comme des bœufs »), mais un homme de la raison quand la raison était dangereuse, révolutionnaire même. Un homme peu soucieux des autres, c'est vrai aussi, mais si Descartes ne fut pas militant, sans doute, c'est que cela n'avait aucun sens. Et puis, comme individu, après tout, il n'est pas un mauvais modèle lui qui a réussi à mener sa vie et son œuvre à bien dans une époque où il ne faisait pas bon être trop tolérant ni trop novateur.

Surtout, comme homme de science et comme philosophe, c'est incontestablement un grand penseur. Nous avons montré, à plusieurs reprises, que la science ou la philosophie contemporaines ont réfuté ou rejeté des positions cartésiennes. Comment en pourrait-il être autrement, depuis trois siècles ? On peut sans doute attaquer Descartes, le dénoncer, mais dans ces attaques même on peut percevoir comme un amour déçu, le regret qu'il n'ait pas su être plus audacieux, plus complet, plus grand encore donc ! A lui qui, d'une certaine façon (voir p. 56), nous a appris à avoir confiance dans notre esprit, dans nos idées, nous reprochons de n'avoir pas su rester un « maître ». Mais si la grande leçon de Descartes, qui retrouverait là, du coup, une étonnante actualité, c'était justement qu'il ne faut pas se fier aux maîtres et essayer de penser tout seul ?

C'est à cela que Hegel pensait en déclarant de Descartes qu'il fut « le premier penseur moderne », le penseur du sujet libre et autonome. A nous maintenant, et depuis quelque temps déjà, de penser les limites et les insuffisances de ce sujet...

Bibliographie

Les œuvres de Descartes

- Collections de poche

Discours et Méditations, vol n° 1, collection 10-18.
Discours, vol. n° 236, collection Bordas.
Discours, collection Nouveaux classiques Larousse.
Discours, Garnier-Flammarion, GF.
Discours (préface de J.-P. Sartre), vol. n° 256, Marabout Université.
Méditations métaphysiques, « Les grands textes », P.U.F.

- Autres collections

Principes de la philosophie, Vrin, 1960.
Règles pour la direction de l'esprit, Vrin, 1956.
Œuvres et lettres, Bibliothèque de la Pléiade, N.R.F.
L'édition complète qui sert de référence à tous les spécialistes de Descartes est celle de Adam-Tannery (AT), Vrin.

Ouvrages sur Descartes

- Sur la vie et le personnage de Descartes

SAMUEL DE SACY, *Descartes par lui-même*, vol. n° 36, collection « Écrivains de toujours », Le Seuil : un portait allègre et bienveillant du Descartes privé.
MICHELLE BEYSSADE, *Descartes*, « Philosophes », collection SUP, P.U.F. : exposé de la vie et des grandes lignes de la philosophie de Descartes.

- Ouvrages présentant la philosophie de Descartes aux élèves et étudiants

ROGER LEFÈVRE, *Pour connaître la pensée de Descartes*, Bordas, 1965 : exposé global et schématique de la philosophie cartésienne.
GENEVIÈVE RODIS-LEWIS, *La morale de Descartes*, collection SUP, n° 27, P.U.F. : réflexion argumentée sur ce domaine.
ROGER LEFÈVRE, *La métaphysique de Descartes*, collection SUP, n° 42, P.U.F. : une étude fouillée en ce domaine.
PIERRE MESNARD, *Descartes*, « Philosophes de tous les temps », n° 24, Seghers : un choix d'extraits des écrits de Descartes.

• Ouvrages plus spécialisés et même érudits consacrés à Descartes

HENRI LEFEBVRE, *Descartes*, éditions Hier et Aujourd'hui, 1947 : étude précise et claire d'un lecteur marxiste de Descartes.

FERDINAND ALQUIÉ, *La découverte métaphysique de l'homme chez Descartes*, P.U.F., 1950 : une interprétation qui voit dans la philosophie de Descartes avant tout une philosophie de l'Être.

MARTIAL GUÉROULT, *Descartes selon l'ordre des raisons* (2 volumes), Aubier-Montaigne, 1953 : une lecture méticuleuse et très savante des *Méditations métaphysiques*.

• Ouvrages dans lesquels se rencontrent des jugements sur Descartes

ALAIN, *Histoire de mes pensées*, Gallimard, 1936.

JEAN-PAUL SARTRE, « La Liberté cartésienne » dans *Situations I*, N.R.F., 1947.

PAUL VALÉRY, « Descartes » dans *Variété IV*, Gallimard, 1938 ; « Une vue sur Descartes » dans *Variété V*, Gallimard, 1945.

VOLTAIRE, « Cartésianisme », « Newton et Descartes » dans *Dictionnaire philosophique* (1764), Garnier, 1964 ; « Sur le système de l'attraction » dans *Lettres philosophiques* (1733), Garnier, 1964.

COLLECTION PROFIL

• **Profil d'une œuvre** : Analyse critique d'un ouvrage marquant de la littérature française ou étrangère : contexte, résumé, personnages et thèmes, art de l'écrivain.

Imprimé en France par MAURY-IMPRIMEUR S.A. – 45330 Malesherbes
Dépôt légal : Octobre 1989
Nº d'édition : 11424 – Nº d'impression : I89/27962 D